Inhaltsverzeichnis

Die Grundlagen für den Erfolg legen 4
   Das richtige Konzept: was, wie und an wen soll verkauft werden? 4
   Breites Sortiment oder besser mehrere kleinere Shops? 5
   Die perfekte Domain 6
   Providerwahl und Webspace 7
   Produktbilder - selber machen oder machen lassen? 7
   Die Shop-Software auswählen 9
   Rechtliche und steuerrechtliche Überlegungen 10
   Checkliste 11

Den Randshop-Online-Shop installieren . 13
   Systemanforderungen prüfen und sicherstellen 13
   Download und Upload per FTP 13
   Die Grundeinstellungen für den Shop . 14
   Pflichtinformationen hinterlegen 15
   Startseite erstellen 17
   Versand und Zahlungsmöglichkeiten konfigurieren 18

Artikelgruppen und Artikel einpflegen 26
   Kategorien verwalten 26
   Artikel-Lieferstatus verwalten 27
   Artikel anlegen 28
   Beispielartikel löschen 29
   Einfache Artikel erstellen 29
   Artikel duplizieren 31
   Artikel suchen und bearbeiten 32
   Artikel gruppieren 32
   Cross-Selling - ähnliche Artikel anzeigen 34
   Artikel mit Variationen erstellen 34

So finden Besucher den Shop 37
   Wichtige SEO-Shop-Einstellungen 37
   Meta-Startseiten-Einstellungen 37
   Sprechende URLs 38
   Optimale Kategorienamen 39
   Optimale Artikelbeschreibungen 40
   Google-Webmastertools verwenden.... 41
   Sitemaps erstellen und bei Google bekanntgeben 42
   Das News-Modul nutzen 44
   Wissenswerte Informationen unterbringen 45

Interessante Shop-Funktionen und Module richtig nutzen 47
   Startseiten-Slider 47
   Aktionen und Highlights 48
   Kundengruppen und Rabattstaffeln 50
   Faktura-Modul 52
   Das Downloadmodul 53

Kostenloses Marketing im Web 54
   Werbung in E-Mail-Signaturen 54
   Soziale Netzwerke nutzen 55
   Werbung auf Facebook 55
   Google+ und Google-Local Search nutzen 64
   Social-Media-Buttons mit AddThis in den Shop integrieren 67

Stichwortverzeichnis 70

Die Grundlagen für den Erfolg legen

Sie möchten sich nebenberuflich oder hauptberuflich selbstständig machen, etwas im Internet verkaufen oder eine Dienstleistung über einen Shop verkaufen? Aber Sie möchten nicht erst tausende Euro investieren, sondern lieber möglichst ohne Risiko und mit geringen Kosten einsteigen?

Kein Problem, aber genau dann müssen Sie es richtig anfangen, damit Sie auch ohne zahlreiche Berater und externe Dienstleister auskommen.

Ob ein Shop erfolgreich wird, entscheidet sich oft schon, bevor er überhaupt online ist. Denn falsche Planung, die unüberlegte Auswahl von Shop-Software, Provider und Domain können schon den großen Erfolg verhindern.

Daher ist es ganz wichtig, dass Sie nicht planlos die erstbeste Shop-Software installieren, sondern sich vorab genau überlegen, was Sie möchten und wo Sie bereit sind, Kosten auf sich zu nehmen und wo nicht.

Das richtige Konzept: was, wie und an wen soll verkauft werden?

Die Idee, etwas im Internet zu verkaufen, ist schnell geboren, oft sieht man aber Shops genauso schnell verschwinden, wie sie gekommen sind. Gerade kleine Shops haben es schwer, sich gegen die großen zu behaupten. Das hat verschiedene Gründe.

Wer keinerlei Kontakte zu Lieferanten hat, tut sich schwer, gute Konditionen auszuhandeln, denn gute Konditionen erfordern oftmals eine Mindestabnahmemenge. Und wenn Sie nicht zig hundert Euro in Lagerware investieren möchten, benötigen Sie dafür erst einmal ausreichend Verkäufe. Und die bekommen Sie bei Standardartikeln nicht, wenn Ihre Preise mit denen der großen Shops nicht mithalten können.

Wenn Sie sich mit Ihrem Shop am Markt halten möchten, brauchen Sie entweder gute Preise oder Produkte, die Ihre Zielgruppe nicht an jeder Ecke bekommt.

Aus eigener Erfahrung weiß ich, dass oftmals einige wenige Produkte reichen, um Käufer anzulocken. Diese kaufen dann häufig auch Standardprodukte, die sie anderswo günstiger bekommen würden, weil sie nämlich auch rechnen können und bei zwei getrennten Bestellungen in zwei Shops auch zweimal Porto zahlen müssten und sich der Preisunterschied damit relativiert.

> Gerade wer individuelle Produkte selbst erstellt, hat damit ein Alleinstellungsmerkmal. Neben den Preisen ist das einer der wenigen Erfolgsgaranten.

Die Entstehungsgeschichte meines eigenen Shops ist ein Musterbeispiel dafür. Begonnen habe ich mit 2-3 Fleece-Spielzeugen für Hunde, die ich in den Shop gestellt habe und das gar nicht mal, um jetzt auf einmal Hundespielzeug zu verkaufen, sondern um für einen Kunden die Shop-Software zu testen.

Als dann nach 2 Wochen – den Shop hatte ich schon fast vergessen – die erste Bestellung kam, war ich doch überrascht und habe mir dann überlegt, was kann ich mit wenig Aufwand noch produzieren und verkaufen. Damit war dann die Idee des eigenen Shops geboren. Es hat dann aber noch ein Jahr gedauert, bis ich die Anfangsmissstände behoben hatte, die dadurch entstanden waren, dass der Shop ja nur ein "Test" war und ich keine eigene Domain, kein Logo, keinen brauchbaren Namen dafür hatte. Erst danach stieg der Umsatz stetig an.

> Die Bestseller im Shop sind aber weiterhin die selbst gemachten Sachen, die es nirgendwo sonst identisch gibt.

Dieses erste Jahr können Sie sich sparen, wenn Sie gleich alles richtig machen. Dann ist der Start und der erste Erfolg deutlich schneller zu haben.

Bevor Sie aber mit dem Shop online gehen, sollten Sie noch einmal Rückschau halten und Angebote bei Lieferanten einholen, Preise kalkulieren und überlegen, ob Sie mit den Preisen bei eBay mithalten können.

> eBay ist deshalb ein guter Anhaltspunkt, weil viele, gerade private Käufer sich erst mal bei eBay über das Angebot informieren. Erst wenn sie bei eBay nichts gefunden haben oder einen Preis ermittelt haben, prüfen sie, ob sie den Artikel woanders eventuell noch günstiger bekommen. Die Preise bei eBay kalkulieren in der Regel die Paypal-, Angebotsgebühren und Provisionen von eBay mit ein. Wenn Sie mit den Preisen dann nicht mithalten können, überlegen Sie, ob Sie nicht andere Artikel verkaufen sollten, denn dann können Sie mit den Preisen anderer unabhängiger Shops schon gar nicht mithalten, denn sie sind meist noch höher.

Breites Sortiment oder besser mehrere kleinere Shops?

Wer sich die Mühe macht, einen Online-Shop einzurichten, kommt schnell in die Versuchung, doch auch noch so nebenbei ein paar andere Dinge zu verkaufen als die eigentlichen Shopartikel. Möchten Sie beispielsweise Campingartikel im Shop verkaufen und kommt Ihnen dann die Idee, doch ganz nebenbei auch die handgearbeiteten Häkeldeckchen aus dem Nachlass Ihrer Oma anzubieten, ist das unter Umständen keine gute Idee. Denn es wirkt sich negativ auf das Suchmaschinenranking Ihres Shops aus. Das Ranking bestimmt, wie weit oben in den Suchergebnissen Ihre Seite aufgeführt wird. Je höher, desto besser. Das Ranking ist aber abhängig vom Suchbegriff, den der Suchende eingibt. Denn es ergibt sich für jeden Suchbegriff unter anderem aus der Häufigkeit des Suchbegriffes auf Ihrer Domain sowie weiteren Faktoren:

- kommt das Suchwort in der Domain vor
- ist es in den Metadaten enthalten
- ist es im Titel der Seite enthalten

Verkaufen Sie eigentlich Campingartikel, werden Wörter wie "gehäkelt", "Handarbeit" etc. kaum in den übrigen Artikeln vorkommen. Das heißt 10 Häkeldeckchen gegenüber vielleicht 100 Campingartikeln fallen für das Suchmaschinenranking bezüglich der Begriffe "gehäkelt" oder "Handarbeit" kaum ins Gewicht, denn die Begriffe machen dann vermutlich unter 1% der Wörter auf Ihrer Website aus und kommen weder in der Domain noch in den Metadaten und im Titel der Seite vor.

> Der Seitentitel ist das, was der Browser als Text im Tabreiter oder Fenstertitel anzeigt. (Siehe unten.)

Andersherum wirkt sich aber die Existenz dieser Artikel negativ auf Begriffe wie "Camping" aus. Denn diese kommen in den Artikeln nicht vor. Wenn jetzt also die Artikelbeschreibungen der zehn Häkeldeckchen jeweils 100 Wörter haben, kommen in Summe 1000 Wörter hinzu in denen der Begriff "Camping" nicht vorkommt. Das heißt, der Anteil des Wortes "Camping" an der Gesamtanzahl Wörter auf der Domain sinkt und damit auch das Ranking für den Begriff "Camping".

Dazu kommt noch ein psychologisches Problem. Nehmen Sie an, bei der Suche nach "Häkeldeckchen" kommt tatsächlich Ihr Shop recht weit oben in den Suchergebnissen und jetzt steht da als Domain: "www.camping-shop.de". Würden Sie den Link anklicken, wenn Sie Häkel-

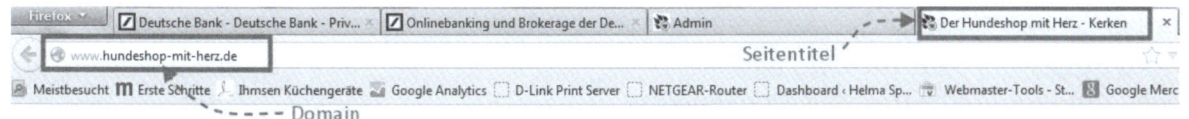

deckchen suchen? Ich nicht. Ich würde dann vielleicht eher den Link darunter nehmen der eventuell auf die Domain "www.handarbeiten-online.de" zeigt.

Ich kann das aus eigener Erfahrung sagen, denn seit über einem Jahr versuche ich in meinem Hundezubehör-Shop auch Nistkästen zu verkaufen. Obwohl die Zielgruppe "Hundebesitzer" ja im Allgemeinen tierfreundlich ist, wurde der Nistkasten noch kein einziges Mal verkauft. Er geht einfach im Hundezubehör unter, das Suchmaschinenranking ist miserabel und hinzukommt, dass kein Besucher für den Nistkasten den Shop ansieht. Wenn überhaupt, würde zufällig ein Hundefreund darüber stolpern und ihn mit einer anderen Bestellung mitbestellen. Aber selbst das ist noch nicht passiert.

> Fazit: Sie werden die Häkeldeckchen so nicht verkaufen und das Suchmaschinenranking für Ihre übrigen Produkte verschlechtern. Besser ist da, einen zweiten Shop einzurichten, mit eigener Domain. Das verspricht, deutlich erfolgreicher zu sein. Und Sie werden gleich sehen, wie wenig Aufwand das bedeutet.

Die perfekte Domain

Sie haben schon eine Domain und möchten diese verwenden? Überlegen Sie es sich gut. Die Wahl der Domain ist vor allem für die Suchmaschinenoptimierung (Search Engine Optimization, kurz SEO) wichtig. Suchmaschinenoptimierung bedeutet, dass Ihr Shop bei Google und Bing ganz vorne in den Suchergebnissen steht, wenn ein Nutzer Begriffe als Suchbegriffe verwendet, die mit Ihren Artikeln zu tun haben. Je weiter vorne Ihr Shop in den Suchergebnissen steht, desto mehr Besucher werden Ihren Shop betreten.

Für eine gute Suchmaschinenplatzierung ist zwar eine alte Domain, die schon länger existiert, besser als eine neue, aber noch besser ist, dass wichtige Begriffe rund um Ihre Produkte in der Domain vorkommen. Wenn Sie also Franziska Maier heißen und Lampen verkaufen möchten, sollten Sie auf keinen Fall die Domain "Franziska-Maier.de" nutzen, nur weil Sie die schon haben. Verwenden Sie eine Domain wie:

- `Der-Lampen-Shop.de`
- `Leuchten-und-Lampen-Shop.de`
- `Licht-und-Lampen.de`

oder ähnliches.

Wenn's etwas persönlicher sein soll, dann auch gerne `Franziskas-Lampen-Welt.de`. Allerdings haben lange Domains wiederum Nachteile verschiedener Art. Je kürzer die Domain desto besser, wenn gleichzeitig wichtige Begriffe darin vorkommen.

> Trennen Sie die Begriffe innerhalb der Domain vorzugsweise durch Bindestriche "-" und nicht durch Unterstriche "_". Suchmaschinen interpretieren Wörter zwischen Bindestrichen nämlich als einzelne Wörter, Wörter die mit Unterstrich verbunden sind, jedoch als ein Wort.

> Mein Shop hat in kurzer Zeit deutlich an Umsatz zugelegt, nachdem ich die Domain für den Test von `shop.helma-spona.de` auf eine eigene Domain `hundeshop-mit-herz.de` geändert habe. Und auch das ist im Nachhinein nicht die optimale Domain, da der Shop vor allem Obedience- und Hundesportartikel verkauft. In meinem Fall relativiert sich das, weil viele Besucher über meine Obedience-Website in den Shop geleitet werden und diese für den Suchbegriff "Obedience" eine gute Suchmaschinenpräsenz hat.

Ob die gewünschte Domain noch frei ist, können Sie bei Ihrem Provider prüfen, von dem Sie Webspace und Datenbank für den Shop mieten. Bei einer de-Domain können Sie aber auch die Seite www.denic.de nutzen.

> Falls Ihre Wunsch-Domain schon registriert ist, versuchen Sie es einfach mit einem zusätzlichen kurzen Wort. Wenn Sie etwa mit der Domain `lampen-welt.de` liebäugeln, diese aber schon vergeben ist, versuchen Sie es mit `meine-lampen-welt.de`

Die wichtigen Begriffe sind auch enthalten, zusätzlich wirkt die Domain aber sehr viel persönlicher und das kurze Wort "meine" verlängert die Domain nicht großartig.

Providerwahl und Webspace

Wer meint, beim Provider sparen zu können, macht einen großen Fehler. Heute bieten eigentlich alle großen Webspace-Provider Tarife an, die für Online-Shops geeignet sind. Den Unterschied machen oft weniger die angebotenen Funktionen aus, als die Qualität des Supports.

Wenn Sie selbst nur rudimentäre Webdesign- und HTML-Kenntnisse haben, sollten Sie unbedingt einen Provider mit gutem Support wählen, der Ihnen im Zweifel bei Problemen weiterhilft. Gerade wenn der Shop schon gut läuft, kann es sonst teuer werden, wenn der Shop tagelang nicht erreichbar ist, weil Sie einen Fehler bei der Konfiguration des Webservers gemacht haben. Ich kann daher nur von den Billig-Providern abraten, die im Fernsehen mit gutem Service werben, tatsächlich aber keinen haben.

> Wenn mich Kunden nach einem guten Provider fragen, empfehle ich immer Host Europe. Die haben über Jahre hinweg einen 1a-Service und das zu sehr guten Preisen und Leistungen. Das Webhosting-Paket Basis ist für einen Shop bestens geeignet: www.hosteurope.de/de/WebHosting/Basic/

Bei der Auswahl des Tarifs sollten Sie darauf achten, dass folgende Leistungen enthalten sind:

- PHP 5 oder höher
- Mindestens eine MySQL-Datenbank
- eine eigene Domain, optional mit Subdomains
- 500-1000 MB Speicherplatz
- mindestens ein E-Mail-Postfach und zwei E-Mail-Adressen
- Sehr gut wäre natürlich ein SSL-Zertifikat für die Verschlüsselung. Aber das ist bei den allermeisten Tarifen nur mit eigenem Server und gegen Aufpreis möglich.
- Mindestens ein FTP-Zugang
- Die Möglichkeit Verzeichnisse mit Kennwörtern zu schützen.

> FTP ist die Abkürzung für File Transfer Protokoll und ist ein Datenübertragungsprotokoll mit dem Sie mittels FTP-Programm Dateien von Ihrem lokalen Rechner auf den Server übertragen können.

Produktbilder - selber machen oder machen lassen?

Bilder verkaufen, nicht der Text drum herum. Wenn Sie keine Bilder für Ihre Artikel in den Shop laden, werden sich die Verkäufe auch auf Dauer stark in Grenzen halten, denn die Kunden wollen sehen, was sie kaufen. Sie brauchen also Produktbilder. Da stellt sich die Frage, woher Sie die nehmen. Es gibt natürlich verschiedene Alternativen:

- Sie kopieren sich die aus anderen Shops die den gleichen Artikel verkaufen.
- Sie fragen den Hersteller des Produktes nach verwendbaren Bildern
- Sie machen die Bilder selbst
- Sie beauftragen einen Fotografen

Die erste Variante scheidet definitiv aus, denn das wäre ein Verstoß gegen das Urheberrecht und Sie hätten wohl schneller eine Abmahnung als sie gucken könnten.

Einige Hersteller stellen Fotos der Produkte zur Verfügung, für die Nutzung in Shops. Es lohnt sich daher durchaus, da nachzufragen. Beachten Sie aber auf jeden Fall die Lizenzbedingungen für die

Verwendung, ob beispielsweise eine Quellenangabe notwendig ist, ob Sie die Bilder in bestimmten Mindestgrößen nutzen müssen und so weiter.

Der Nachteil ist aber, wenn sehr viele Shops die gleichen Bilder nutzen, können Kunden über die Google-Bildersuche ganz einfach nach ähnlichen Bildern suchen und finden ganz schnell einen Shop, der den gleichen Artikel verkauft und das möglicherweise zu besseren Konditionen. Das ist sehr ungünstig.

Bilder selber zu machen oder machen zu lassen ist definitiv die optimale Lösung, denn so unterscheiden sich Ihre Bilder von denen der Konkurrenz und der Kunde hat nicht den Eindruck "Massenware" zu kaufen. Wenn Sie Produkte individuell fertigen, ist dies ohnehin die einzige Möglichkeit, denn da gibt es ja dann keinen Hersteller, von dem Sie die Bilder bekommen können.

Es stellt sich in diesem Fall nur die Frage, ob Sie in der Lage sind, Fotos selbst zu machen oder ob Sie einen Fotografen benötigen. Gerade für kleinere Produkte benötigen Sie gar nicht viel Ausrüstung. Größere Produkte – etwa Bekleidung – selbst zu fotografieren ist schon deutlich schwieriger. Dafür brauchen Sie einen professionellen Hinter- oder Untergrund, eine entsprechende Beleuchtungsanlage etc. Ob Dauerlicht oder Blitz ist dabei unerheblich.

Kleine Artikel lassen sich noch gut mit wenig Aufwand fotografieren; oft reicht ein Bogen Pappe und weiches Licht.

> Je hochwertiger die Produkte sind, die Sie verkaufen, desto ästhetischer und edler sollten auch die Produktfotos sein.

Mit dem passenden Bildausschnitt können Sie schon brauchbare Produktfotos machen.

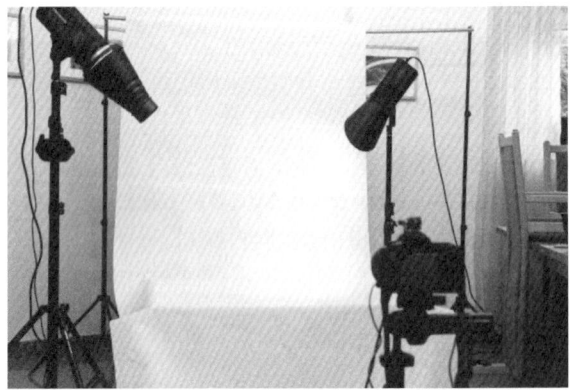

Für größere Objekte muss es dann aber schon eine semiprofessionelle Studioeinrichtung sein.

Ohne eine passende Beleuchtungsanlage ist die Ausleuchtung vor allem dunkler Objekte oder reflektierender Oberflächen ein großes Problem.

Das linke Bild wäre schon ein guter Versuch, das rechte wirkt mit der Spiegelung und dem weißen Hintergrund jedoch deutlich hochwertiger.

Aber die Kamera ist auch nicht zu vergessen. Eine einfache billige Kompaktkamera oder gar ein Handy reichen dazu definitiv nicht. Ein Shop, in dem unprofessionelle Fotos mit grauen Hintergründen und schlecht beleuchteten Produkten zu finden sind, wirkt nicht vertrauenerweckend. Für Fotos mit Spiegelungen brauchen Sie neben dem Untergrund und Hintergrund auch einen Polfilter und folglich eine Bridge-Kamera oder Spiegelreflexkamera, wo sie Polfilter auch nutzen können.

Verfügen Sie nicht über die passende Ausrüstung und scheuen auch die Anschaffungskosten, sollten Sie besser einen Fotografen beauftragen. Für einfache Produktfotos sind die Kosten da noch recht niedrig.

> Unter www.dasauge.de können Sie Fotografen finden, die Ihre Produkte fotografieren. Oder Sie suchen einfach mal im Internet nach semiprofessionellen und professionellen Fotografen in Ihrer Gegend.

Die Shop-Software auswählen

Es gibt eine Vielzahl an Shop-Systemen, die häufig auch recht preiswert oder als OpenSource kostenlos sind.

> OpenSource-Software ist freie Software, die oftmals von einer Gruppe Programmierer weiterentwickelt und gewartet wird. Diese Software ist in der Regel kostenlos. Es gibt jedoch auch Shop-Systeme, wo dann für den Support gezahlt werden muss.

Positiv an OpenSource-Software ist, dass sie recht preisgünstig ist und auf vielen Systemen häufig schon seit Jahren läuft. Nachteilig ist aber, dass gerade Spammer und Programmierer von Schadsoftware sich auf OpenSource-Anwendungen konzentrieren, eben wegen der weiten Verbreitung. Der zweite Nachteil ist, dass regelmäßige Updates nicht immer gewährleistet sind und so auch gesetzlich notwendige Anpassungen nicht immer fristgerecht umgesetzt werden. Auch der Support lässt häufig zu wünschen übrig oder kostet dann doch.

> OpenSource sollte nur einsetzen, wer sich gut auskennt, PHP - und HTML-Kenntnisse hat und kleine Probleme auch ohne Hilfe bewältigen kann.

Je mehr Funktionen ein Shop-System hat, desto komplizierter ist auch die Einrichtung und Wartung. Daher sollten Sie gerade für den Anfang auf ein Shop-System setzen, das zwar alles absolut notwendige hat, später erweiterbar ist und nicht allzu komplex ist. Ich empfehle da das Shop-System von Randshop.

Randshop ist eine deutsche Firma, die ein sehr einfaches Shop-System vertreibt. Es gibt davon eine kostenlose Version und eine kostenpflichtige. Die kostenlose unterscheidet sich nur von der kostenpflichtigen, durch die Pflicht, den Link auf den Hersteller sichtbar und anklickbar zu belassen, der in der Fußzeile angezeigt wird. Das System bietet in der kostenlosen Basis-Version alles, was man für den Anfang braucht:

- Definition von Versandarten
- Verschiedene MwSt-Sätze für Artikel
- Artikelgruppen
- X-Selling
- Variationsartikel
- Bestellung mit und ohne Registrierung
- Verschiedene Zahlungsarten
- Berechnung von Porto
- Portofreigrenze
- Rabattstufen

> X-Selling ist eine Funktion bei der zu einem Artikel "ähnliche" oder dazugehörige Produkte angezeigt werden, die man jedem Artikel zuordnen kann.

Weitere Funktionen, wie etwa die Auftragsverwaltung (Druck und Verwaltung von Rechnungen, Lieferscheinen) oder der

Verkauf von Download-Produkten wie E-Books, Software, Bilder etc. kann mit Hilfe kostenpflichtiger Module später ergänzt werden. So lässt sich Schritt für Schritt kostengünstig ein Shop aufbauen.

> Für den Verkauf von Download-Produkten benötigen Sie das Download-Modul und das Fakturamodul, wenn der Nutzer auch ohne manuellen Eingriff den Downloadlink bekommen soll. Beides zusammen gibt es auch im kostengünstigen Set.

Aufgrund der Tatsache, dass Randshop per Forum einen recht anständigen Support für eine kostenlose Software bietet, wird nachfolgend auch die Einrichtung von Randshop beschrieben.

> Sie können, während Sie die nächsten Seiten lesen und überdenken, vielleicht schon mal den Download starten. Die aktuelle Version finden Sie unter der URL: www.randshop.com/ Randshop-Download

Rechtliche und steuerrechtliche Überlegungen

Bevor Sie loslegen, sollten Sie unbedingt auch das Finanzamt und andere behördliche Anforderungen nicht vergessen. Ein Shop ist fast immer eine gewerbliche Tätigkeit und erfordert damit anders als eine freiberufliche Tätigkeit eine Gewerbeanmeldung bei der Gemeinde oder Stadt.

> Die einzige Ausnahme ist, wenn Sie im Shop ausschließlich E-Books, selbst erstellte Software, Bilder oder Musik verkaufen, die Sie selbst gemacht haben. Wichtig ist dabei, dass Sie diese Produkte dann nur zum Download anbieten und nur "Lizenzen" daran verkaufen. Denn ein Verkauf auf Datenträger wäre wiederum eine gewerbliche Tätigkeit.

Fast immer gilt also, auf jeden Fall ein Gewerbe anmelden. Geben Sie dabei ein möglichst großzügig gefasstes Tätigkeitsfeld an. Wenn Sie etwa zunächst nur Hundeleckerlis verkaufen möchten, geben Sie nicht "Online-Verkauf von Hundeleckerlis" an, sondern besser "Online-Verkauf von Hundefutter und Hundezubehör". Das ermöglicht es Ihnen, später problemlos Ihre Produktpalette auszubauen.

In der Regel macht die Stadt oder Gemeinde automatisch eine Meldung an das Finanzamt. Vorsorglich sollten Sie aber dem Finanzamt formlos mitteilen, dass Sie ein Gewerbe aufnehmen und um die Zuteilung einer Steuernummer bitten. Denn die benötigen Sie auch für Ihr Impressum. Zuvor sollen Sie aber noch entscheiden, ob Sie vom Kleinunternehmerförderungsgesetz Gebrauch machen möchten. In diesem Fall sind sie als "Kleinunternehmer" von verschiedenen steuerrechtlichen Anforderungen an Ihre Buchhaltung befreit. Ob das sinnvoll ist, sollten Sie unter Umständen mit Ihrem Steuerberater besprechen.

Wenn Sie als Kleingewerbe starten möchten und im aktuellen Jahr keinen Umsatz von mehr als 50.000 EUR erzielen, was im ersten Jahr in der Regel nicht möglich ist, sind sie von der Umsatzsteuer befreit. Das heißt:

- auf Rechnungen dürfen Sie keine Umsatzsteuer ausweisen
- müssen keine Umsatzsteuer an das Finanzamt abführen
- dürfen aber auch die in Lieferantenrechnungen ausgewiesenen Vorsteuerbeträge nicht absetzen.

> Damit Ihr Randshop-Shop mit der Kleinunternehmerregelung umgehen kann, müssen Sie allerdings ein zusätzliches Modul für derzeit 25 € erwerben. Der Shop alleine kann das nicht.

Ebenso können Sie von der Kleingewerberegelung Gebrauch machen, wenn Sie schon jetzt gewerblich tätig sind, aber im Vorjahr einen Umsatz von weniger als 17.500 € gemacht haben.

Die Grundlagen für den Erfolg legen

Nicht sinnvoll ist die Kleinunternehmerregelung meist dann, wenn Ihre Lieferantenrechnungen und Rechnungen von Energieversorger, IT-Technik etc. eben alles was Sie für den Shop benötigen 19% MwSt. enthalten, Sie für Ihre Produkte (etwa bei Lebensmitteln oder Büchern) nur 7% abführen müssten.

Wer heute einen Shop eröffnet und sich nicht an Recht und Gesetz hält, kassiert ganz schnell eine teure Abmahnung. Das heißt, Sie sollten als erstes nach der Installation ein abmahnsicheres Impressum erstellen. Aber auch später, wenn der Shop in Betrieb geht oder es Gesetzesänderungen gibt, sind Sie gut beraten, wenn Sie juristischen Beistand haben, der Ihnen hilft, den Shop gesetzeskonform zu konfigurieren und Ihre AGB's und Widerrufsbelehrungen auf dem Laufenden zu halten.

Zum Glück gibt es schon einige Jahre Anwaltskanzleien und Vereine, wie den Händlerbund oder auch beratende Unternehmen wie Trusted Shops die recht günstig Online-Händler in rechtlichen Fragen beraten und sichere AGB's, Datenschutzerklärungen und Widerrufsbelehrungen liefern.

- www.haendlerbund.de
- www.trustedshops.de
- www.janolaw.de
- www.protectedshops.de

> Die beiden letztgenannten können Sie direkt in der Randshop-Shop-Konfiguration einstellen, dann werden Ihre AGB's und Rechtstexte regelmäßig automatisch aktualisiert, wenn sich etwas geändert hat.

Wenn es zunächst mal nur um ein Impressum geht, bis der Shop dann die ersten Artikel enthält und fertig konfiguriert ist, können Sie auch den Impressumsgenerator von e-Recht 24 verwenden:

www.e-recht24.de/impressum-generator.html

Generell benötigen Sie für Ihren Shop:
- Impressum
- Widerrufsbelehrung und Widerrufsformular
- Datenschutzerklärung
- AGB's

> Vermeiden Sie es unbedingt, diese Texte von anderen Websites zu klauen. Denn zum einen können Besonderheiten darin sein, die auf Ihren Shop gar nicht zutreffen und wenn die Texte individuell von einem Juristen für die andere Seite erstellt wurden, sind diese auch urheberrechtlich geschützt.

Checkliste

Bevor Sie richtig loslegen, hier nochmal die Vorüberlegungen und Vorarbeiten im Überblick. Gehen Sie einfach alle Punkte durch, notieren Sie sich Ihre Ergebnisse und arbeiten Sie die Checkliste Schritt für Schritt ab.

■ Das richtige Konzept:
- Was wollen Sie verkaufen? ....
- Ihr Alleinstellungsmerkmal? ....
- Wo können Sie Ihre Produkte preisgünstig einkaufen? Lieferanten beschaffen! ....
- Welchen Namen soll der Shop haben? ....
- Haben Sie ein Logo? ....

■ Domain und Webspace

- Was sind die wesentlichen Begriffe unter denen Ihr Shop bei den Suchmaschinen gefunden werden soll?..

- Welches ist der wichtigste Suchbegriff? ....

- Welche Domains, die mindestens den wichtigsten Suchbegriff enthalten, kommen in Frage? ....

- Haben Sie einen Provider? Falls nicht, wählen Sie einen geeigneten aus. ....

- Prüfen Sie bei dem gewählten Provider, ob eine der gewünschten Domains frei ist. ....

- Buchen Sie einen Webspace mit PHP5 und MySQL und ordern Sie die gewählte Domain, etwa www.hosteurope.de/de/WebHosting/Basic/ ....

- Richten Sie eine E-Mail-Adresse für Ihren Shop ein, beispielsweise info@domain oder shop@domain ....

■ Shop-Software und Artikelfotos

- Laden Sie die Shop-Software herunter: www.randshop.com/Randshop-Download
- Haben Sie Artikelfotos?..
- Wenn die Fotos nicht von Ihnen sind, haben Sie die Erlaubnis zur Nutzung im Webshop vom Urheber/Lizenzgeber? ....

■ Rechtliche und steuerrechtliche Überlegungen

- Gewerbe angemeldet? ....

- Steuernummer beantragt oder Kleingewerbe beim Finanzamt angemeldet? ....

- Steuerberater für Fragen zur Hand? ....

- Rechtliche Beratung sichergestellt? ....

- Impressum vorhanden? ....

- Datenschutzerklärung vorhanden? ....

- Allgemeine Geschäftsbedingungen (AGB) vorhanden? ....

- Widerrufsbelehrung vorhanden? ....

Den Randshop-Online-Shop installieren

Die derzeit aktuelle Version von Randshop ist die Version 2.3 von Anfang Juni 2014. Nachfolgend wird die Neuinstallation auf einer eigenen Domain in einem Unterverzeichnis Ihres Webspaces beschrieben.

Systemanforderungen prüfen und sicherstellen

Um den Shop zu installieren, benötigen Sie Webspace mit folgenden Mindestvoraussetzungen:

- PHP 5 oder höher
- MySQL 5 oder höher sowie eine freie MySQL-Datenbank
- Curl Modul für HTML-Mails

In der Regel können Sie die Verfügbarkeit dieser Voraussetzungen im Verwaltungstool Ihres Webspaces bei Ihrem Provider ermitteln. Ansonsten Fragen Sie den Support des Providers oder Ihren Webmaster danach.

Wenn Sie für Ihren Webspace schon eine MySQL-Datenbank eingerichtet haben, bringen Sie den Datenbanknamen, den Benutzernamen und das Kennwort für den Datenbankzugriff in Erfahrung. In der Regel erhalten Sie diese Informationen im Webspace-Verwaltungstool Ihres Providers.

Wenn es noch keine Datenbank gibt, legen Sie eine neue an und merken Sie Sich ebenfalls die genannten Informationen. Sie benötigen Sie für die Installation der Shop-Software.

Download und Upload per FTP

Zunächst laden Sie sich die aktuelle Version von Randshop 2.3 herunter. Rufen Sie dazu die URL www.randshop.com/Aktuelle-Randshop-Version auf und klicken Sie dort auf DOWNLOAD.

Speichern Sie die heruntergeladene Datei auf Ihrer Festplatte und entpacken Sie sie mit einem ZIP-Programm.

> Unter Windows klicken Sie einfach mit der rechten Maustaste auf die Datei und wählen EXTRAHIEREN aus dem Kontextmenü aus.

Die entpackten Dateien können Sie jetzt ohne weitere Bearbeitung mit Hilfe eines FTP-Programms in das Verzeichnis Ihres Webservers hochladen, das mit Ihrer Domain verknüpft ist.

> FTP ist die Abkürzung für File Transfer Protokoll und ist ein Internetprotokoll zum Up- und Download von Dateien auf FTP-Servern. Ein gutes und kostenloses FTP-Programm ist beispielsweise WS-FTP.

Ist der Upload erfolgt, sollten Sie in diesem Verzeichnis auf dem Server unter anderem ein Verzeichnis "install" vorfinden.

Dateiname	Dateigröße	Dateityp	Datum	Zeit	Berechtigun...
customisation		Dateiordner	03.06.2014	23:07	drwxr-x---
data		Dateiordner	03.06.2014	23:07	drwxr-x---
functions		Dateiordner	03.06.2014	23:07	drwxr-x---
images		Dateiordner	03.06.2014	23:07	drwxr-x---
includes		Dateiordner	03.06.2014	23:10	drwxr-x---
install		Dateiordner	03.06.2014	23:10	drwxr-x---
interfaces		Dateiordner	03.06.2014	23:10	drwxr-x---
js_function		Dateiordner	03.06.2014	23:10	drwxr-x---
plugins		Dateiordner	03.06.2014	23:11	drwxr-x---
templates		Dateiordner	03.06.2014	23:11	drwxr-x---
themes		Dateiordner	03.06.2014	23:12	drwxr-x---
.htaccess	426	HTACCESS...	03.06.2014	23:12	-rw-r-----

Rufen Sie die URL dieses Verzeichnisses nun im Internetbrowser Ihrer Wahl auf. Geben Sie dazu "http://" gefolgt von Ihrer Domain, die mit dem Verzeichnis verknüpft ist und dem Verzeichnis "/install/" auf. Die URL könnte beispielsweise wie folgt lauten, wenn Sie eine Domain "www.naturschutzshop-mit-herz.de" mit dem Verzeichnis verknüpft haben:

```
www.naturschutzshop-mit-
herz.de/install/
```

Die Shop-Software prüft nun noch einmal die Voraussetzungen. Das Ergebnis der Prüfung sollte wie folgt aussehen:

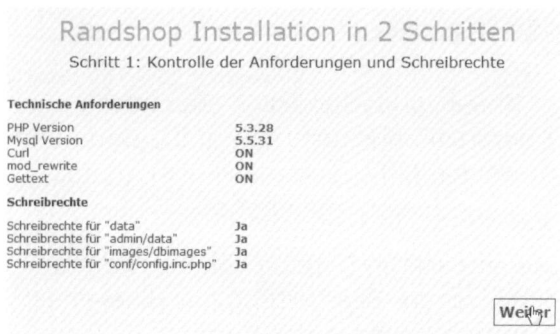

Klicken Sie nun auf WEITER, um die Installation fortzusetzen. Tragen Sie im nächsten Schritt den Datenbanknamen, den Datenbankbenutzernamen und das Datenbankkennwort ein, die Sie zuvor ermittelt oder erstellt haben. Als Datenbankservernamen können Sie in der Regel `localhost` eintragen, außer Ihr Provider schreibt etwas anderes vor.

Wählen Sie unten für die Einstellung *SQL Dump Variante:* den Eintrag OHNE TESTDATEN aus. Dann müssen Sie im Anschluss nicht die Testdaten löschen.

Klicken Sie anschließend auf INSTALLIEREN.

Sie finden am Ende der Installation einen Link, der Sie auf die Startseite Ihres Shops führt, das heißt zu dem Teil des Shops, der für Ihre Kunden sichtbar ist. Wichtige Einstellungen, sowie die Erfassung der Artikel und Kategorien müssen Sie aber im sogenannten Admin-Bereich vornehmen.

In diesen gelangen Sie, indem sie die URL der Startseite Ihres Shops um die Pfadangabe /admin/ ergänzen. Ist Ihr Shop beispielsweise unter der URL www.naturschutzshop-mit-herz.de zu erreichen, müssen Sie die URL in

www.naturschutzshop-mit-herz.de**/admin/** ändern.

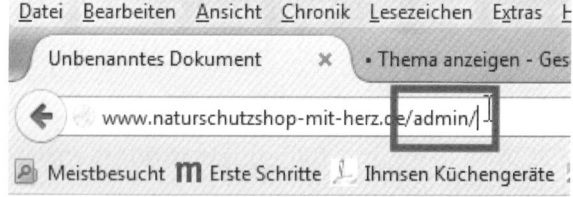

Auf diese Weise gelangt so aber jeder in den Admin-Bereich. Damit sich nun nicht Unbefugte Ihres Admin-Bereichs bedienen können, sollten Sie ihn mit einem Kennwort schützen. Die einfachste Möglichkeit dazu ist, die Benutzerverwaltung des Shops zu verwenden.

1. Wählen Sie START|EINSTELLUNGEN und klicken Sie dann auf BENUTZERVERWALTUNG.
2. Klicken Sie auf NEUEN BENUTZER ANLEGEN und geben Sie den gewünschten Benutzernamen in das Feld *Usernamen* und das Kennwort ein.

3. Klicken Sie auf SPEICHERN, um den Benutzer anzulegen.
4. Klicken Sie danach auf ZUGRIFFSSCHUTZ AKTIVIEREN.

Beim nächsten Start Ihres Browsers müssen Sie sich anmelden, um in den Admin-Bereich des Shops zu gelangen.

Die Grundeinstellungen für den Shop

Jetzt legen Sie als erstes die Informationen für das Impressum und die Mails zur Bestellbestätigung fest, die der Shop benötigt um grundsätzlich zu funktionieren.

1. Klicken Sie auf der Startseite des Admin-Bereichs auf SHOPEINSTELLUNGEN, und aktivieren Sie die Registerkarte GRUNDEINSTELLUNGEN. Hier sind im Allgemeinen schon sinnvolle Standardeinstellungen hinterlegt. Lediglich drei Einstellungen sollten Sie prüfen und gegebenenfalls ändern.
2. Geben Sie in das Feld AUFTRAGSNUMMER die erste Auftragsnummer ein, die vergeben werden soll, in der Regel die 1, außer Sie möchten die Auftragsnummern aus einem anderen Shop fortführen.
3. Wenn Sie Versandkosten mit MwSt. berechnen, geben Sie in das Feld UMST. FÜR VERSAND IN %: den dazu passenden MwSt.-Satz ein. 19% ist im Allgemeinen richtig, wenn Sie nicht steuerfrei mit DHL versenden.
4. Geben Sie nun in die Felder GRÖßE KLEINES BILD und GRÖßE KATEGORIEBILD den Wert 200 ein. Damit legen Sie fest, dass die längste Kante von Vorschaubildern und Kategoriebildern 200 Pixel breit sein soll. Die vorgegebenen 140 Pixel sind doch recht knapp bemessen.
5. Wählen Sie zum Schluss noch über die Schaltfläche DURCHSUCHEN Ihr Shop-Logo aus und laden Sie es im GIF-Format hoch, bevor Sie die Einstellungen SPEICHERN.

> Für das Shop-Logo sind nur GIF-Bilder zugelassen. Die Höhe sollte 130 Pixel nicht überschreiten, die Breite nicht größer als 260 Pixel sein.

Pflichtinformationen hinterlegen

Klicken Sie jetzt auf die Registerkarte BETREIBERDATEN, und geben Sie hier Ihre Kontaktdaten möglichst vollständig ein, denn diese werden für den Versand der Bestellbestätigungsmails und – wenn Sie das Faktura-Modul installiert haben – auch für die Rechnungen und Lieferscheine verwendet. Sie sollten also sicherstellen, dass Sie alle Daten angeben, die benötigt werden, um gültige Rechnungen und Bestellbestätigungen zu verschicken.

Aktivieren Sie anschließend die Registerkarte FEATURES. Hier bestimmen Sie, welche Funktionen des Shops Sie nutzen möchten. Standardmäßig ist hier alles bis auf die Volltextsuche aktiviert. Sie sollten aber auf einige Features verzichten, oder vorab mit einem Rechtsbeistand die rechtlichen Rahmenbedingungen dafür klären.

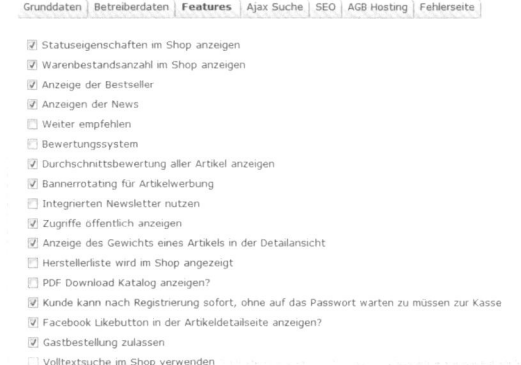

Dies gilt für folgende Funktionen:

- *Bewertungssystem*: hier ist der Versand von Mails zur Abgabe der Bewertungen rechtlich problematisch.
- *Weiter empfehlen* kann zum Versand von Spam genutzt werden und birgt darüber hinaus die Gefahr von Abmahnungen wegen "ungewollter Zusendung von Werbung".
- *Integrierter Newsletter nutzen*. Können Sie verwenden, wenn Sie dies auch in Ihrer Datenschutzerklärung berücksichtigt haben.
- Der *PDF-Download-Katalog* ist in der neuen Shop-Version durchaus brauchbar. Ihn können Sie aktiviert lassen. Er ermöglicht den Kunden eine Preisliste (aber ohne Bilder) herunterzuladen. Die Sortierreihenfolge ist allerdings nicht erkennbar und es gibt Artikel die doppelt aufgeführt werden, zumindest dann, wenn sie mehreren Kategorien zugeordnet sind.
- *Facebook-Likebutton in der Artikeldetailseite anzeigen* können Sie dann

aktiviert lassen, wenn Sie Facebook-Likebuttons in Ihrer Datenschutzerklärung berücksichtigt haben.

Klicken Sie zum Schluss wieder auf die Schaltfläche SPEICHERN, um Ihre Änderungen zu speichern.

■ Shop-Beschreibung festlegen

Damit Ihre Besucher nicht "Mustershop" im Titel des Browserfenster sehen, sondern Ihren Shop-Namen, sollten Sie an dieser Stelle noch ein paar grundlegende Einstellungen für Suchmaschinen festlegen. Weitere werden später noch im Abschnitt zur Suchmaschinenoptimierung beschrieben.

Klicken Sie auf der Startseite des Admin-Bereichs in der linken Navigation auf META-STARTSEITE und tragen Sie in das Feld TITEL den Text für die Titelzeile des Browsers ein. Im Feld BESCHREIBUNG können Sie kurz beschreiben, was es im Shop zu kaufen gibt.

> Das können Sie allerdings auch später nachholen. Sie sollten aber auf jeden Fall die Platzhaltertexte entfernen.

Speichern Sie zum Schluss die Einstellungen mit SPEICHERN.

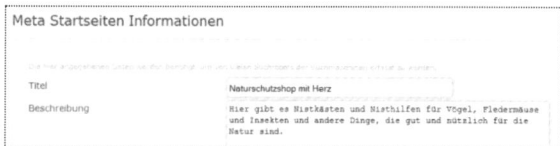

■ Rechtstexte einpflegen

Fehlende rechtliche Texte sind ein gefundenes Fressen für jeden Abmahnanwalt. Daher sollten Sie die noch vor den ersten Artikeln einpflegen. Dazu enthält der Shop bereits vorbereitete Seiten, die auch in der Navigationsleiste schon verknüpft sind.

Klicken Sie auf der Startseite des Admin-Bereichs in der linken Navigation auf ÜBERSICHT in der Rubrik INFO-MENÜPUNKTE.

Hier finden Sie jetzt die vorgefertigten Seiten. Öffnen Sie sie nacheinander, indem Sie auf

- DATENSCHUTZ
- AGB
- WIDERRUFSBELEHRUNG
- IMPRESSUM

klicken und die Platzhalter durch Ihre Inhalte ersetzen.

> Die Seite *Datenschutz* sollten Sie außerdem umbenennen in *Datenschutzerklärung* und die Seite *Versand* in *Lieferung und Versand*.

Mit Inkrafttreten der Verbraucherrechterichtlinie am 13. Juni 2014 sollten Sie außerdem ein Widerrufsformular zu Verfügung stellen. Das sollten Sie jetzt noch anlegen. Gehen Sie dazu wie folgt vor:

1. Klicken Sie in der Übersicht mit den vorhandenen Seiten auf NEUEN INFO-MENÜPUNKT ANLEGEN. Geben Sie als Menüaufschrift `Widerrufsformular für Verbraucher` als Titel ein.

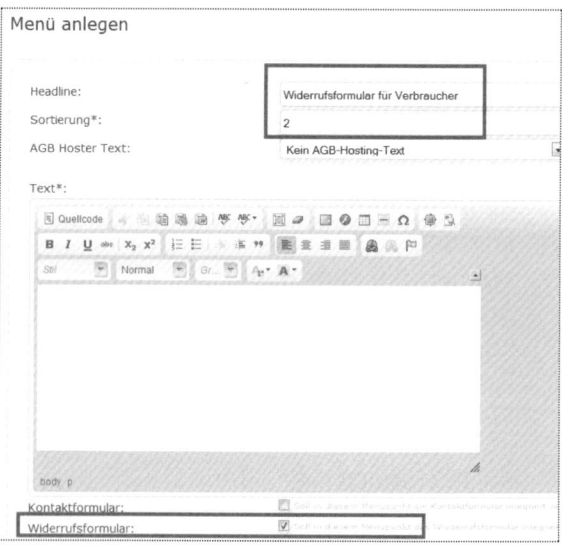

2. In das Feld SORTIERUNG geben Sie eine niedrige Zahl ein, damit der Menüpunkt ziemlich weit vorne in der Navigation steht.

3. Unterhalb des Texteditors aktivieren Sie dann noch das Kontrollkästchen WIDERRUFSFORMULAR und speichern die Seite ab.

4. Sie gelangen nun in die Übersicht zurück und klicken jetzt noch einmal

auf OFF für die entsprechende Zeile, um die Seite aktiv zu schalten.

■ Grundlegende Formatierungen

Der Shop wird mit ein paar vorinstallierten Beispielkategorien und Artikeln installiert, sowie auch mit vorgefertigten Templates und CMS-Inhalten.

> CMS ist die Abkürzung von Content Management System und bezeichnet ein System mit dem Inhalte einer Website verwaltet, online- und offline gestellt werden und in eine Navigation integriert werden können.

Es gibt im Shop bereits einen CMS-Eintrag, der auch in der Navigation angezeigt wird. Diesen sollten Sie zunächst deaktivieren.

1. Klicken Sie dazu im Admin-Bereich in der horizontalen Navigation auf CMS und dann auf ON neben dem Testeintrag.

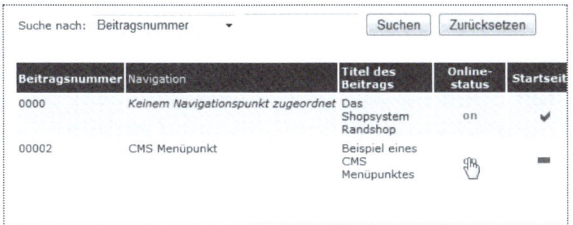

Damit auch der Menüeintrag verschwindet, müssen Sie diesen noch deaktivieren.

2. Klicken Sie dazu in der linken Navigation auf ÜBERSICHT in der Kategorie *CMS-Menüpunkte*, und klicken Sie dann auf ONLINE, um den Eintrag zu deaktivieren.

Die Formatierungen werden bei Randshop wie bei vielen anderen Shop-Systemen auch, über Templates und Designs geregelt. Templates sind Dateien, die bestimmen, welche Informationen auf den Seiten angezeigt werden, und mit den Designs können Sie festlegen, wie die Daten formatiert werden. Es gibt ein Standard-Template, das mit dem Shop mitgeliefert wird. Die Version 2.3 von Randshop verfügt allerdings nur noch über ein Design *blau*. Möchten Sie ein anderes Design, müssen Sie das vorhandene anpassen oder von externen Anbietern ein Template oder Design erwerben und installieren.

> Wenn Sie über grundlegende CSS-Kenntnisse verfügen, ist es kein großes Problem das vorhandene Design anzupassen. Es gibt aber auch die Möglichkeit externe Dienstleister für eine einmalige Anpassung zu beauftragen.

Startseite erstellen

Nun sollten Sie noch die Startseite erstellen. Randshop enthält zwar eine Startseite, diese enthält aber einen Infotext zur Shop-Software. Gehen Sie wie folgt vor, um die Startseite anzupassen:

1. Klicken Sie in der horizontalen Navigation auf CMS.
2. Klicken Sie in der Beitragsübersicht auf das Symbol BEARBEITEN des Beitrags mit der Beitragsnummer 0000 und dem Titel "Das Shopsystem Randshop".

3. Bearbeiten Sie nun den Text nach Belieben und fügen Sie Ihren eigenen Begrüßungstext ein.

> Sie können auch jede andere CMS-Seite als Startseite festlegen. Dazu öffnen Sie die Seite zum Bearbeiten und wählen für die Einstellung *Startseite* den Eintrag JA. Sie müssen dann aber darauf achten, dass Sie die Einstellung für alle anderen Seiten auf NEIN setzen. Ob eine Seite Startseite ist, sehen Sie an dem grünen Häkchen in der Übersicht in der Spalte *Startseite*.

Versand und Zahlungsmöglichkeiten konfigurieren

Wie in jedem Shop können Sie auch bei Randshop Zahlungs- und Versandmöglichkeit kombinieren. Das ist wichtig, denn sonst könnte der Kunde bei Auswahl von "Barzahlung" gleichzeitig einen Versand ans Ende der Welt auswählen. Das funktioniert ja in der Regel nicht. Daher ist es wichtig, dass Sie sich sehr genau überlegen, wohin Sie liefern möchten und zu welchen Konditionen.

> Bedenken Sie dabei, dass Randshop ausschließlich die Versandkosten nach Gewicht berechnen kann und Sie können nicht für einzelne Artikel eine Versandart ausschließen. Wenn also ein Artikel zwar für eine Warensendung zu groß ist, aber eigentlich nichts wiegt, kann es passieren, dass zu geringe Versandkosten berechnet werden.

■ Versandkosten kalkulieren

Wie Sie Versandkosten berechnen und in welcher Höhe Sie sie an den Kunden weitergeben, hängt von der Struktur Ihres Sortiments ab. Sie werden es in keinem Fall schaffen, dass der Shop immer exakt nur die notwenigen und in jedem Fall nie zu wenig Versandkosten berechnet. Eine Mischkalkulation mit Durchschnittskosten ist daher die einzige Möglichkeit.

Gerade, wenn Sie vornehmlich an Endkunden verkaufen, sollten Sie die Versandkosten einfach strukturieren.

■ Beispiel

Wenn Sie sehr viele Artikel haben, die noch als DHL-Maxibrief versendet werden können, viele Artikel aber auch einfach von den Maßen nicht mehr als Brief verschickt werden können, empfiehlt sich folgende Kostenstruktur:

bis 900 g	Maxibrief	2,80 €
bis 1800 g	Päckchen/Online-Paket bis 2kg	5,50 €
bis 9,5 kg	Paket	6,90 €

> Bedenken Sie, dass Sie in die Versandkosten auch die Verpackungsmaterialien mit einrechnen müssen und die MwSt, sofern Sie auf die Versandkosten MwSt berechnen und abführen.

Es wird auch dann dazu kommen, dass Sie mal eine Bestellung nur mit 2,80 € Versandkosten erhalten, die Artikel aber tatsächlich beispielsweise wegen der Abmessungen nicht mehr als Brief senden können. Hier zahlen Sie dann im Einzelfall drauf. Genauso wird es aber Bestellungen geben, die Sie doch noch als Maxibrief schicken können, obwohl der Shop Porto für ein Paket berechnet hat. So gleicht sich das im Schnitt wieder aus.

> Es ist durchaus sinnvoll, wenn der Shop mal etwas Fahrt aufgenommen hat, die Berechnung des Portos zu kontrollieren und eventuell zu optimieren.

■ Beispiel

Wenn Sie sowohl sehr kleine Artikel verkaufen, die man gut als Brief verschicken kann, als auch große, die per Spedition geliefert werden müssen, macht das die Berechnung noch komplizierter, denn bei den Speditionen geht es oftmals nicht nur um das Gewicht, sondern auch, wohin geliefert werden muss und welche Abmessungen die Waren haben. Hier empfiehlt es sich dann, durchschnittliche Speditionskosten für den Artikel zu ermitteln und schon in den Artikelpreis einzurechnen. Da Speditionskosten oftmals die teureren großen Artikel, wie etwa Möbel verursachen, können Sie dann im Gegenzug ab einem bestimmten Warenwert auf zusätzliche Versandkosten verzichten. Für die kleineren Artikel, die unter diesem Preis liegen, berechnen Sie dann normale Portokosten.

> Wichtig ist dabei, dass Sie eine Wertgrenze für den kostenlosen Versand finden, die unterhalb des preiswertesten Artikels für den Speditionsversand liegt.

Den Randshop-Online-Shop installieren

■ Ländergruppen definieren

Als erstes sollten Sie die Ländergruppen und Länder definieren, die Sie beliefern möchten, denn diesen müssen Sie später die Versandarten zuordnen.

1. Klicken Sie zunächst im Admin-Bereich in der horizontalen Navigation auf VERSAND. Ihnen wird dann die Länderübersicht angezeigt.
2. Setzen Sie alle Länder, in die Sie liefern möchten, auf ON.

> In vielen Übersichten im Admin-Bereich funktionieren die Einstellungen durch sogenannte "Toggle"-Buttons. Damit schalten Sie zwischen zwei Zuständen, "an" und "aus" oder "aktiv" und "inaktiv" hin und her. Wenn Sie für ein Land, bei dem in der rechten Spalte "On" angezeigt wird, auf das Wort klicken, wird es auf "Off" gesetzt und damit eine Lieferung in dieses Land ausgeschlossen.

Als nächstes definieren Sie Ländergruppen, sofern Sie mit den vordefinierten nicht auskommen. Wie der Name schon vermuten lässt, fassen Sie damit eine Gruppe von Ländern in einer Gruppe zusammen. Diese Gruppe können Sie dann den Versand- und Zahlungsarten zuordnen und müssen daher nicht die einzelnen Länder auswählen.

Der Shop enthält schon vorkonfigurierte Ländergruppen für die Versandländer von DHL und dpd. Sofern Sie mit anderen Paketdiensten versenden und deren Ländergruppen nicht übereinstimmen, legen Sie einfach eine eigene Ländergruppe an. Ansonsten können Sie die vorgefertigten übernehmen.

> Sie sollten die Länder entsprechend der Versandkosten zusammenfassen. Also alle Länder in eine Gruppe, für die gleiche Versandkonditionen gelten.

1. Um eine Ländergruppe anzulegen, klicken Sie in der linken Navigation auf LÄNDERGRUPPEN und dann auf die Schaltfläche NEUE LÄNDERGRUPPE HINZUFÜGEN.
2. Geben Sie jetzt einen geeigneten Ländergruppennamen und eine Beschreibung ein.

Der Name erscheint in den Auswahlfeldern, in denen Sie die Ländergruppe später auswählen können, um sie einer Versandart zuzuordnen. Der Gruppenname sollte also eindeutig sein.

3. Aus der Liste *Zugehörige Länder* wählen Sie die Länder aus, die Sie der Gruppe zuordnen möchten. Sie können einfach die gewünschten Länder nacheinander anklicken, wenn Sie beim Klicken die Taste [Strg] gedrückt halten.
4. Zum Schluss klicken Sie auf SPEICHERN.

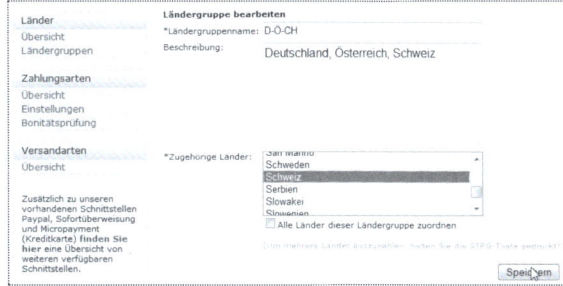

■ Versandarten anlegen

Versandarten können Sie über den Menüpunkt VERSANDARTEN/ÜBERSICHT in der linken Navigation verwalten.

Auch hier sind schon einige vorkonfiguriert. Allerdings enthält die Beschreibung den Platzhaltertext, dass die Versandkostenstaffelung nur ein Beispiel ist. Sie sollten also die Versandarten nicht nur aktiv schalten, sondern auch bearbeiten.

Klicken Sie für die Versandart, die Sie bearbeiten möchten, in der Übersicht einfach auf das Bearbeiten-Symbol. Sie können dann alle Werte prüfen und korrigieren.

Den Randshop-Online-Shop installieren

Versandart	hier geben Sie den Namen der Versandart an, den Sie in der Auswahl der Versandarten angeben möchten.
Versand-Land	Wählen Sie hier die Ländergruppe oder das Land aus, für das die Versandart gültig sein soll. Wenn der Nutzer als Lieferanschrift ein anderes Land auswählt als hier angegeben, wird die Versandart nicht angeboten.
Paketdienst Url	Geben Sie hier eine URL an, für die Paketverfolgung, sofern möglich.
Versandkostenfreiheit ab Bestellsumme (Netto/Brutto)	Wenn Sie ab einer bestimmten Summe versandkostenfrei versenden, geben Sie hier den Wert an, ab dem keine Versandkosten berechnet werden sollen. Haben Sie in den Shop-Einstellungen für die Preisanzeige "Brutto" angegeben, geben Sie den Bruttobestellwert an, ansonsten den Nettobestellwert.
Image	Über die Schaltfläche DURCHSUCHEN können Sie eine kleine Bilddatei auswählen, die für die Versandart angezeigt werden soll, etwa das Logo des Paketdienstes.
Sortierung	Geben Sie hier einen Wert an für die Anzeigeposition in der Auswahl der Versandarten. Die Standardversandart für das Lieferland sollte die niedrigste Nummer der Versandarten haben, etwa 1.
Beschreibung	Hier können Sie eine sinnvolle Beschreibung der Versandart angeben; Sie können auch erläutern, ob eine Samstagszustellung erfolgt oder nicht und mit wieviel Tagen bis zur Zustellung der Kunde rechnen muss.

> Immer wenn Sie Zahlen mit Komma eingeben – Preise, Gewichte –, müssen Sie zwingend das im Deutschen übliche Dezimalkomma durch einen Dezimalpunkt ersetzen. Um 100,50 anzugeben, tippen Sie also 100.5.

Zum Schluss klicken Sie auf "Speichern".

Die Staffelung der Preise geben Sie nun im unteren Bereich ein. Wenn Sie die vorgegebene Staffelung löschen möchten, verwenden Sie dazu einfach das Symbol Löschen der jeweiligen Zeile und ergänzen anschließend die neue Staffelung in dem Sie für jedes Gewicht einen Preis angeben und dann auf die Schaltfläche GEWICHT/PREIS HINZUFÜGEN klicken.

Der Shop sortiert die Eingaben automatisch nach Gewicht aufsteigend, so dass Sie auch später noch ein Gewicht dazwischensetzen können, ohne die ganze Liste neu erfassen zu müssen.

Klicken Sie anschließend in der linken Navigation auf ÜBERSICHT, um die Liste der

Versandarten angezeigt zu bekommen und die nächste Versandart zu bearbeiten.

Falls Sie dem Kunden die Abholung der Ware anbieten möchten, müssen Sie zwingend auch eine Versandart *Selbstabholung* erstellen.

Um eine neue Versandart anzulegen, klicken Sie in der Übersicht auf NEUE VERSANDART und füllen dann die Felder entsprechend aus. Bei einer kostenlosen Versandart – etwa *Selbstabholung* – geben Sie einfach keine Staffelung an.

Für alle verwendeten Versandarten, sollten Sie zum Abschluss noch sicherstellen, dass sie in der Übersicht auf ONLINE stehen.

> Die Versandarten, die Sie nicht benötigen, sollten Sie löschen, denn sie werden sonst bei der automatisch generierten Versandkostenübersicht angezeigt; auch dann, wenn sie nicht aktiv sind.

Wenn Sie nicht benötigte Versandarten löschen möchten, klicken Sie dazu einfach auf das rote Kreuz in der Übersicht der Versandarten und bestätigen das Löschen anschließend mit JA.

■ **Zahlungsmöglichkeiten konfigurieren**

Mit den Zahlungsmöglichkeiten legen Sie fest, welche Möglichkeiten der Kunde zur Zahlung hat. Randshop bietet schon eine Reihe vorgefertigter Möglichkeiten, unter anderem Paypal Express und Sofortüberweisung. Auch direkte Kreditkartenzahlungen (ohne Schnittstelle zu einem anderen Zahlungsanbieter) werden unterstützt. Für Zahlungen per Lastschrift können Sie aktivieren, dass Bankdaten vom Kunden angefordert werden. Alle diese Einstellungen können Sie bei den Zahlungsarten konfigurieren. Beispielhaft soll dies an den Zahlungsarten Paypal und Lastschrift gezeigt werden. Zahlung auf Rechnung und Barzahlung sind bereits vollständig vorkonfiguriert und müssen nur aktiv geschaltet werden.

> ACHTUNG, wenn Sie Zahlungsmöglichkeiten einsetzen, die dem Kunden zusätzliche Kosten verursachen, müssen Sie das in Ihren Versand- und Zahlungsinformationen im Shop entsprechend deklarieren. Nach der Umsetzung der EU-Verbraucherrechterichtlinie müssen Sie außerdem dem Kunden mindestens eine übliche und kostenlose Zahlungsart anbieten, etwa *Vorkasse per Überweisung*.

■ Nicht benötigte Zahlungsarten deaktivieren

Klicken Sie in der oberen Navigationsleiste auf VERSAND und dann auf ÜBERSICHT in der Rubrik *Zahlungsarten*.

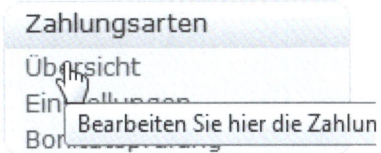

Randshop listet nun alle konfigurierten Zahlungsarten auf. Bis auf Barzahlung und Nachname sind jedoch alle deaktiviert. Falls Sie eine der beiden aktivierten Zahlungsarten deaktivieren möchten, klicken Sie auf den Link ON, um sie zu deaktivieren.

■ Paypal Express konfigurieren

Um Paypal als Zahlungsart nutzen zu können, müssen Sie sich auf der Seite www.paypal.de zunächst ein Paypal-Geschäftskonto einrichten und dort die Paypal API aktivieren. Sie erhalten dann die entsprechenden Zugangsdaten, die Sie in Randshop einpflegen müssen, nämlich

- den API-Usernamen
- das API-Kennwort
- die API-Signatur

Wenn Ihnen diese drei Angaben vorliegen, gehen Sie im Randshop-Admin-Bereich wie folgt vor:

1. Klicken Sie im Admin-Bereich auf VERSAND und dann auf EINSTELLUNGEN in der Rubrik *Zahlungsarten*.

2. Aktivieren Sie die Registerkarte PAYPAL EXPRESS.
3. Tragen Sie nun die entsprechenden Daten in die Eingabefelder ein.

Zahlungsarten Einstellungen

allgemeine Einstellungen	Paypal Express
API Username	
API Passwort	
API Signatur	
Sandbox Testbetrieb	☐

[Speichern]

> Das Kontrollkästchen SANDBOX TEST-BETRIEB können Sie zu Testzwecken aktivieren. Dann werden Zahlungen nicht wirklich abgewickelt, wenn Sie nur den Shop testen möchten. Allerdings müssen Sie dann auch in Ihrem Paypal-Konto den Test aktivieren.
>
> Wenn Sie den Testbetrieb nutzen, sollten Sie auch Ihren kompletten Shop, nicht nur den Admin-Bereich mit einem Kennwort schützen, damit nicht Kunden schon bestellen können, und die Zahlung nicht durchgeführt wird.

Nachdem Sie nun die Einstellungen für die Zahlungsschnittstelle festgelegt haben, über die bei Paypal die Zahlung mit Paypal abgewickelt wird, können Sie die Zahlungsart selbst konfigurieren.

Rufen Sie dazu wieder die Übersicht der Zahlungsarten auf und klicken Sie auf das Symbol BEARBEITEN der Zahlungsart.

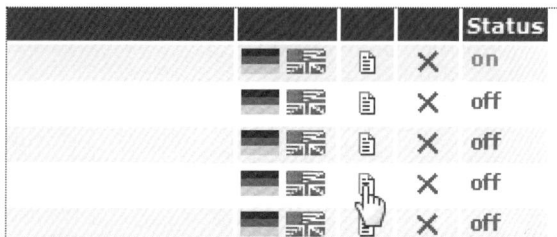

Sie sollten nun zunächst die Grundeinstellungen vornehmen. Möchten Sie dem Kunden Kosten für die Zahlungsart in Rechnung stellen, können Sie die als absoluten Wert in den Feldern *Brutto* bzw. *Netto* (nur bei Nettopreisanzeige) eingeben.

> Bitte bedenken Sie, dass Sie seit Inkrafttreten der Verbraucherrechte-richtlinie nur die Kosten der Zahlungsart an den Kunden weiterberechnen können, die Ihnen tatsächlich entstehen. Außerdem müssen Sie mindestens eine kostenlose Zahlungsart anbieten.

Alternativ können Sie einen prozentualen Wert definieren. Geben Sie in das Feld *Preis prozentual* den Wert 3% ein, würden 3% des Bruttowarenwertes der Bestellung als Gebühr für die Zahlungsart berechnet und auf den Bestellwert addiert werden.

> TIPP
> statt den Kunden bei Paypal-Zahlungen mit 3%-Gebühren zu belasten, um die Paypal-Gebühren weiterzugeben, können Sie besser die 3% in die Preise einkalkulieren, die Paypal-Zahlung kostenlos machen und bei Zahlung per Vorkasse beispielsweise 3% Skonto gewähren. Damit die 3% direkt abgezogen werden, geben Sie in das Feld *Preis prozentual* einfach einen negativen Prozentwert ein.

Dieses Vorgehen hat den Vorteil, dass für den Kunden auch Paypal kostenlos ist und Sie sich nicht der Gefahr aussetzen, falls Paypal seine Gebührenstruktur verändert, mehr als die Gebühren von Paypal weiterzureichen, denn dies ist bei der aktuellen Rechtslage nicht mehr zulässig.

Wenn Sie möchten, dass der Kunde ab einem bestimmten Bestellwert keine Gebühren mehr zahlen muss, geben Sie diesen Betrag in das Feld *Kostenfrei ab (Brutto)* ein.

Über das Pulldownlistenfeld *Versand-Land* können Sie wählen, für welche Versandländer (oder Ländergruppen) die Zahlungsart angeboten werden soll. Wählen Sie ALLE LÄNDER, so wird die Zahlungsart für alle Zielländer der Bestellung angeboten.

Den Randshop-Online-Shop installieren

Über die Schaltfläche DURCHSUCHEN können Sie eine Grafikdatei auswählen, etwa das Paypal-Logo, das dann bei der Zahlungsart angezeigt wird. Die *Sortierung* gibt an, an welcher Stelle der Zahlungsarten sie aufgeführt wird. Die für Sie optimalste solle die Sortierung "1" bekommen.

Geben Sie in das Feld *Beschreibung* den Text ein, der dem Nutzer bei der Auswahl der Zahlungsarten als Beschreibung angezeigt werden soll. Sie können dort einfache HTML-Formatierungen verwenden, wie beispielsweise `<b>hier steht der fette Text</b>`, um Text fett auszuzeichnen oder `<i>dieser Text wird kursiv angezeigt</i>` um kursiven Text zu erzeugen. (kursiv= englisch: italic)

> Achtung, wenn die Zahlungsart für Ihre Kunden kostenpflichtig ist, sollten Sie darauf entweder schon im Namen der Zahlungsart, aber zumindest in der Beschreibung hinweisen. Optimal ist dies im Namen der Zahlungsart zu machen, den Sie im Feld *Zahlungsart* festlegen, beispielsweise indem Sie `Paypal (+3% Gebühren)` eingeben.

Das Feld *Mailtext-Beschreibung* ist dafür gedacht, Informationen zur Zahlungsart anzugeben, die mit der E-Mail-Bestellbestätigung versendet werden. Da Sie auch in der Bestellbestätigung prinzipiell die gleichen Informationen wie auf der Bestellübersichtsseite angeben müssen, sollte eine eventuelle Gebührenpflicht auch aus diesem Text hervorgehen.

Wenn Sie diese Daten eingegeben haben, klicken Sie SPEICHERN und aktivieren anschließend die Registerkarte VERSAND-ARTEN. Hier können Sie festlegen, bei welchen Versandarten Sie eine Paypal-Zahlung anbieten möchten.

> **ACHTUNG**
> Gemäß der AGBs von Paypal dürfen Sie Paypal-Zahlungen nur in Kombination mit Versandarten anbieten, bei denen Sie einen Nachweis über den Versand erbringen können. Damit scheiden alle Versandarten ohne Sendungsverfolgung aus. Selbstabholung wäre dagegen in Ordnung, wenn Sie den Empfänger den Empfang quittieren lassen.

In der Praxis sieht die Sache allerdings anders aus, denn viele Shops versenden auch bei Paypal-Zahlung als normalen Brief, Warensendung oder Päckchen. Das Problem stellt sich auch erst dann, wenn Paypal von Kunden wegen Nichterhalt der Ware Ansprüche geltend macht und Sie den Versand belegen müssen.

Sie haben insgesamt vier Möglichkeiten die Versandarten zuzuordnen:

- Sie treffen keine Auswahl, dann wird die Zahlungsart automatisch allen Versandarten zugeordnet.
- Möchten Sie eine einzelne Versandart auswählen, klicken Sie diese einfach mit der Maus an.
- Wenn Sie mehrere Einträge auswählen möchten, klicken Sie diese bei gedrückter Taste [Strg] an.
- Sie klicken bei gedrückter Umschalttaste zuerst den ersten und dann den letzten zu markierenden Eintrag an. Dann werden alle Einträge markiert, die zwischen den angeklickten liegen, einschließlich derer, die Sie angeklickt haben.

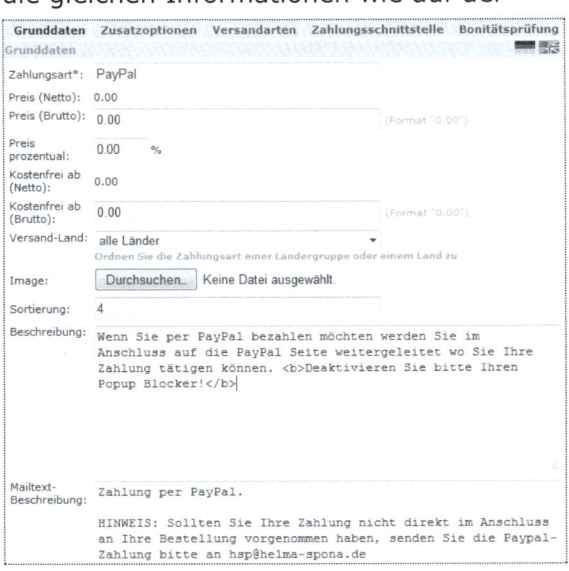

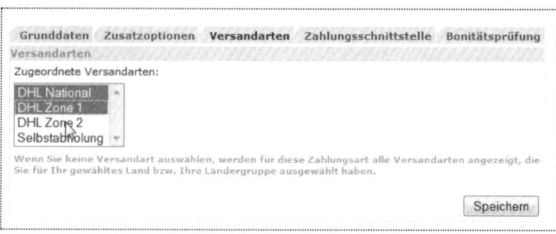

Wenn Sie die Versandarten markiert haben, klicken Sie auf SPEICHERN und anschließend auf ZAHLUNGSSCHNITTSTELLE.

> Nicht für alle Zahlungsarten müssen Sie eine Zahlungsschnittstelle festlegen, beispielsweise für *Barzahlung bei Abholung* der *Rechnung* nicht. Für Paypal müssen Sie die Schnittstelle aber festlegen.

Wählen Sie als Schnittstelle PAYPAL EXPRESS (PLUGIN)" aus und klicken Sie dann auf SPEICHERN. Damit haben Sie die Zahlungsart "Paypal" konfiguriert.

> Prüfen Sie bitte mit einer Testbestellung, ob die Zahlung mit Paypal funktioniert. Falls nicht, sollten Sie das Paypal-Plugin des Shops aktualisieren. Sie finden das Update im Forum verlinkt und müssen die heruntergeladenen Dateien nur per FTP in das Verzeichnis des Shops hochladen, in dem sich schon Dateien gleichen Namens befinden.

Wenn Sie jetzt wieder die Übersicht der Zahlungsarten öffnen, müssen Sie die Zahlungsart allerdings noch aktivieren, indem Sie den Status auf ON setzen.

■ Lastschrift konfigurieren

Bei Zahlungsarten wie Lastschrift oder Kreditkartenzahlung, die Sie nicht über einen anderen Zahlungsanbieter abwickeln, sondern bei denen Sie in der Kaufabwicklung die Kontodaten vom Kunden abfragen müssen, konfigurieren Sie, wie nachfolgend an der Lastschriftenzahlung gezeigt.

1. Rufen Sie die Übersicht mit den Zahlungsarten auf. Ist die Zahlungsart dort bereits aufgeführt, klicken Sie das Symbol BEARBEITEN an. Ansonsten klicken Sie auf NEUE ZAHLUNGSART HINZUFÜGEN.
2. Geben Sie nun wieder auf der Registerkarte *Grunddaten* die grundlegenden Informationen ein.

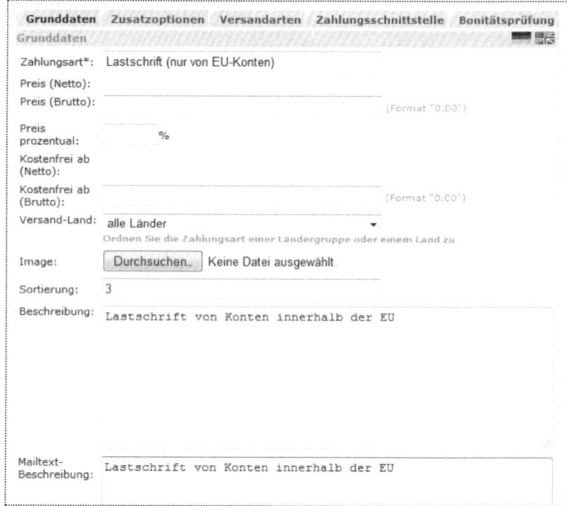

3. Aktivieren Sie nun die Registerkarte *Zusatzoptionen*. Hier aktivieren Sie das Kontrollkästchen BANKDATEN.

> Wenn Sie eine Zahlungsart mit Kreditkartenzahlung einrichten möchten, aktivieren Sie entsprechend das Kontrollkästchen KREDITKARTENDATEN.

4. Wählen Sie auf der Registerkarte *Versandarten* die zugeordneten Versandarten aus, und klicken Sie zum Schluss auf SPEICHERN.
5. Zum Schluss aktivieren Sie noch die Zahlungsart in der Übersicht.

■ Versandkosten auf Infoseite hinterlegen

Wenn Sie Versandkosten und Zahlungsmöglichkeiten festgelegt haben, müssen Sie beides noch auf einer Infoseite veröffentlichen, denn gemäß Verbraucherrechterichtlinie müssen Sie den Käufer vor dem Kauf über Versandkosten und Zahlungsmöglichkeiten aufklären.

1. Klicken Sie in der horizontalen Navigation auf START|EINSTELLUNGEN und dann in der linken Navigation auf INFOMENÜPUNKTE|ÜBERSICHT.

2. Legen Sie nun mit NEUEN INFO MENÜPUNKT ANLEGEN eine neue Seite an.
3. Nennen Sie die Seite Versand- und Zahlungsbedingungen oder kurz Versand und Zahlung.
4. Fügen Sie dort Informationen über die verfügbaren Zahlungsmöglichkeiten und darunter Informationen zu den Versandkosten an.
5. Speichern Sie die Einstellungen und rufen Sie erneut die Übersicht auf.
6. Aktivieren Sie die Infoseite in der Übersicht, indem Sie sie auf ONLINE schalten.

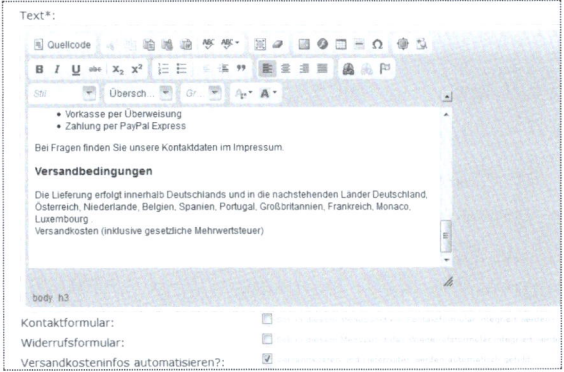

> Am besten lassen Sie sich auch diesen Text von einem Juristen oder beispielsweise dem Händlerbund erstellen.

Sie können die Versandkosten gemäß Ihrer Definition im Shop dort aufführen, oder – wenn Sie es einfach haben möchten – aktivieren Sie das Kontrollkästchen VERSANDKOSTENINFO AUTOMATISIEREN. Dann fügt der Shop die Versandkosten unten an die Seite an, wenn der Nutzer sie aufruft. Dadurch stimmen sie auch immer mit den festgelegten Versandkosten überein.

> Sie sollten dann aber alle Versandarten löschen, die Sie nicht nutzen, denn auch deaktivierte werden leider angezeigt.

Die Zahlungsarten, müssen Sie aber manuell einfügen, die können Sie nicht automatisch einfügen lassen.

Artikelgruppen und Artikel einpflegen

Jetzt kommen wir zum Wesentlichen, den Artikeln, Artikelgruppen und Kategorien.

> Wichtig ist, jeder Artikel muss einer Kategorie zugeordnet werden, sonst kann er maximal über die Suche gefunden werden, aber nicht über die Navigation.

Kategorien verwalten

Bei der Struktur der Kategorien sollen Sie folgende Regel beachten:

> So wenig verschachtelt wie möglich, aber so strukturiert wie nötig.

Bedenken Sie, dass die Kategorienamen in den sprechenden URLs auftauchen und somit Abkürzungen kontraproduktiv sind. Sie sollten die Kategorien daher unbedingt so benennen, dass in ihnen wichtige Suchbegriffe vorkommen.

Um eine Kategorie anzulegen, gehen Sie wie folgt vor:

1. Klicken Sie in der horizontalen Navigation auf den Eintrag ARTIKEL und anschließend in der linken Navigation auf ÜBERSICHT unter *Kategorien*.
2. Klicken Sie zunächst in der Spalte *Status* auf den Link ONLINE, um die Testkategorie inaktiv zu schalten. Alternativ können Sie die Kategorie natürlich auch über das rote Kreuz in der letzten Spalte löschen. Das Löschen, müssen Sie aber noch über den Klick auf JA bestätigen.

3. Um nun eine neue Kategorie für Ihren Shop anzulegen, klicken Sie oben auf NEUE KATEGORIE HINZUFÜGEN.
4. Füllen Sie nun die Informationen zu der Kategorie wie folgt aus.
   - Im Listenfeld *Kategorie* sollten Sie die übergeordnete Kategorie wählen. Wenn es keine gibt oder Sie eine Hauptkategorie erstellen möchten, wählen Sie den Eintrag HAUPTKATEGORIE aus.

   - Im Feld *Kategoriename* tragen Sie den Namen für die Kategorie ein. Das ist der Text der in der Navigation und der URL erscheint.
   - Um die Reihenfolge zu bestimmen, wenn die Kategorien nicht alphabetisch sortiert werden sollen, geben Sie die Nummer der Reihenfolgenposition in das Feld *Sortierung* ein. Für die erste Position in der Navigation also die 1.
   - Mit Hilfe der Schaltfläche *Durchsuchen* können Sie jetzt ein Kategoriebild auswählen, das dann bei Auswahl der Kategorie über die Navigationsleiste über der Artikelliste angezeigt wird.

5. Tragen Sie in das Feld *Titel* den Namen der Kategorie ein, wie er über der Artikelliste für die Kategorie angezeigt werden soll. Das kann (muss aber nicht) ein anderer Text als im Feld *Kategoriename* sein.

Im Feld *Beschreibung* können Sie eine, bei Bedarf auch formatierte Beschreibung der Kategorie eintragen. Achten Sie dabei darauf, möglichst viele sinnvolle Suchwörter hier unterzubringen.

Weiter unten finden Sie dann noch die Felder *Title-Metatag* und *Description-Metatag*. Hier tragen Sie den Seitentitel und eine Metabeschreibung für Suchmaschinen ein.

Der Seitentitel ist der Text der im Browserfenster als Titel angezeigt wird, die Metabeschreibung ist im Browser nicht sichtbar, sondern wird lediglich von Suchmaschinen aus dem Code ausgelesen. Beide Angaben sind aber für die Suchmaschinenplatzierung wichtig und sollten daher nicht vernachlässigt werden. Als *Description-Metatag* eignet sich eine kurze Kategoriebeschreibung als Fließtext, als Seitentitel ein bis zwei kurze Schlagwörter oder ein kurzer Satz.

6. Wenn Sie alles eingetragen haben, klicken Sie unten rechts auf KATEGORIE SPEICHERN oder falls Sie anschließend eine weitere Kategorie anlegen möchten, auf KATEGORIE SPEICHERN UND NEUE ANLEGEN.

Legen Sie auf diese Weise nacheinander alle Haupt- und Unterkategorien an. Für die Unterkategorien wählen Sie im Feld *Kategorie* einfach die übergeordnete Kategorie aus.

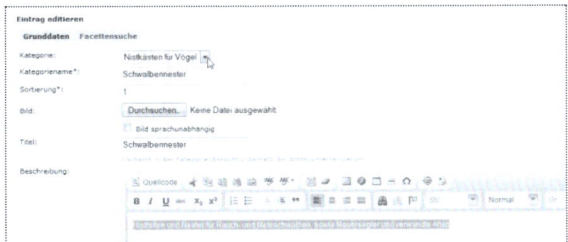

In der Übersicht werden Unterkategorien standardmäßig nicht angezeigt. Bei den Kategorien, die Unterkategorien haben, wird allerdings ein Plus-Symbol angezeigt, auf das Sie klicken können, um die Unterkategorien einzublenden.

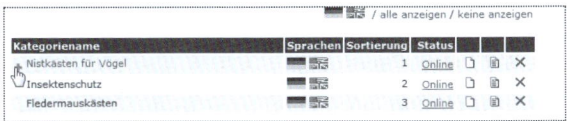

Alternativ können Sie auch alle Unterkategorien einblenden, indem Sie auf den Link ALLE ANZEIGEN klicken.

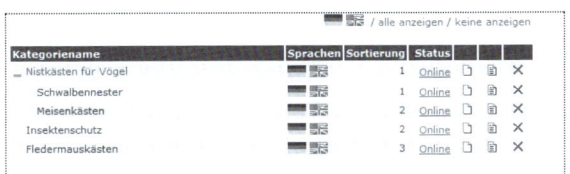

Artikel-Lieferstatus verwalten

Die Verbraucherrechterichtlinie bestimmt, dass Sie dem Kunden sowohl in den Artikeldetails als auch in der Bestellübersichtsseite und der Bestellbestätigungsseite die voraussichtliche Lieferzeit angeben müssen. Dabei ist die Zeit für die Zustellung mit zu berücksichtigen. Es geht daher nicht mehr darum, anzugeben, wann die Artikel versandfertig sind, sondern wann sie bei regulärer Versandzeit zugestellt werden. Sie müssen also die Lieferstatusangaben für die Artikel korrekt festlegen. Randshop bietet dazu die Möglichkeit für den Lieferstatus sowohl Bilder wie auch einen Text festzulegen und den Artikeln einen Lieferstatus zuzuordnen.

> Text und Grafik müssen zwingend übereinstimmende Angaben enthalten, denn in der Bestellbestätigungsmail wird nur der Text verwendet und der darf von der Anzeige in der Bestellübersichtsseite nicht abweichen.

Die Beispiellieferstatusanzeigen erfüllen diese Vorgaben leider nicht. Hier ist zumindest ein vorgefertigtes Bild falsch. Sie sollten daher eigene Bilder erstellen oder ganz auf Bilder verzichten.

> Wenn Sie eigene Bilder nutzen, sollten Sie hier nicht nur die voraussichtliche Lieferung angeben, sondern auch, wie schnell der Artikel versandbereit ist. Um die Anzeige noch zu unterstützen, können Sie die Bilder auch farblich variieren, beispielsweise grün für sofort lieferbar und rot für lange Lieferzeiten.

versandfertig in 24 Stunden
Lieferung in 2-3 Werktagen

> Als Größe für diese Grafiken bietet sich eine Größe von ca. 200 x 40 Pixel an. Sie sollten Sie im PNG-Format mit transparentem Hintergrund anlegen.

Wenn Sie Ihre benötigten Grafiken für den Lieferstatus angelegt haben, gehen Sie folgendermaßen vor, um die Lieferstatus-Angaben zu vervollständigen und zu korrigieren.

1. Klicken Sie im Admin-Bereich in der horizontalen Navigationsleiste auf ARTIKEL und in der vertikalen Navigation dann auf LIEFERSTATUS.
2. Klicken Sie auf das Symbol BEARBEITEN des Lieferstatus, den Sie bearbeiten möchten.

3. Vervollständigen und korrigieren Sie nun die entsprechenden Angaben.

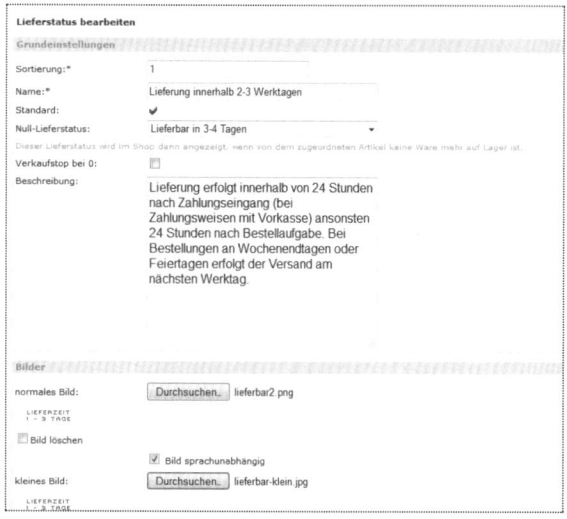

4. In das Feld *Name* tragen Sie den Text ein, der mindestens die voraussichtliche Lieferzeit (incl. Versandzeit) angibt, nähere Erläuterungen können Sie dann im Feld *Beschreibung* unterbringen.
5. Über das Feld *Null-Lieferstatus* können Sie festlegen, ob bei einem Lagerbestand von 0 oder weniger ein anderer Lieferstatus angezeigt werden soll. Das ist in der Regel empfehlenswert, außer Sie aktivieren das Kontrollkästchen *Verkaufsstop bei 0*. In diesem Fall würde der Artikel nicht mehr zum Verkauf angeboten werden, wenn er keinen Lagerbestand hat. Dann erübrigt sich natürlich auch eine andere Lieferstatusangabe.
6. Wählen Sie über die Schaltflächen DURCHSUCHEN die passenden Bilder an. Das *große Bild* wird in der Artikeldetailanzeige angezeigt, das *kleine* in den Artikellisten im Admin-Bereich. Als kleines Bild wäre daher auch eine einfarbige Farbfüllung denkbar, die Ihnen schnell Auskunft über den hinterlegten Lieferstatus gibt, beispielsweise "grün", "gelb" und "rot".
7. Klicken Sie anschließend auf SPEICHERN und bearbeiten Sie danach die weiteren Lieferstatusangaben; bei Bedarf legen Sie neue Angaben über den Button NEUEN LIEFERSTATUS ANLEGEN an.

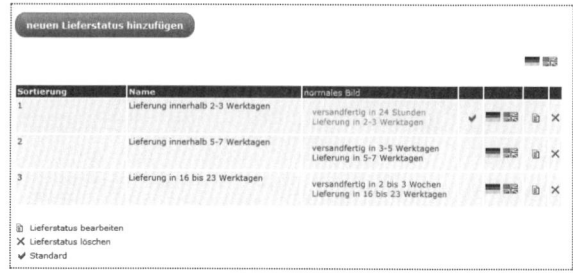

Artikel anlegen

Wenn Sie die Artikelkategorie angelegt haben, in die Sie die ersten Artikel einstellen möchten, und auch die möglichen Lieferzeiten angelegt haben, können Sie loslegen und den ersten Artikel einstellen. "Einfache Artikel" sind solche, die nicht über Besonderheiten wie Varianten verfügen und nicht aus einer Gruppe einzelner Artikel zusammengesetzt sind. Varianten gäbe es beispielsweise wenn der Artikel in mehreren Farben und/oder Größen vorhanden wäre. "Gruppierte" Artikel sind solche Artikel, die eine Zusammenfassung von einfachen Artikeln darstellen, beispielsweise wenn Sie drei

Artikel, die der Kunde auch einzeln kaufen kann, zusätzlich im "Set" anbieten möchten. In einem solchen Fall würden Sie erst die drei Artikel anlegen und dann einen vierten, den Sie aus den drei Artikeln zusammensetzen.

Beispielartikel löschen

Zunächst sollten Sie die Beispielartikel löschen, die der Shop nach der Installation enthält. Gehen Sie dazu wie folgt vor:

1. Wählen Sie in der horizontalen Navigation im Admin-Bereich den Eintrag ARTIKEL aus.
2. Klicken Sie dann links in der Navigation auf ARTIKEL/ÜBERSICHT.
3. Löschen Sie dann nacheinander alle Artikel, indem Sie auf das Symbol LÖSCHEN des Artikels klicken.

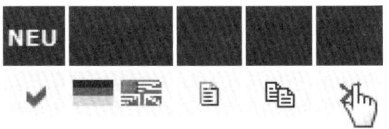

4. Bestätigen Sie das Löschen mit JA.

Wenn Sie Artikel nur vorrübergehend nicht zum Verkauf anbieten möchten, können Sie sie inaktiv schalten. Klicken Sie dazu einfach in der Übersicht auf den Link ON, um den Artikel offline zu schalten.

Einfache Artikel erstellen

Neue Artikel legen Sie ebenfalls über die Artikelübersicht an.

1. Klicken Sie dazu auf den Button NEUEN ARTIKEL ANLEGEN in der Artikelübersicht.
2. Geben Sie dann die Daten für den Artikel wie folgt ein:

- In das Feld *Artikelnr.* geben Sie eine eindeutige Artikelnummer ein. Diese muss nicht numerisch sein, sondern kann auch aus einer Folge von Buchstaben und Sonderzeichen "-" oder "_" bestehen.
- Wenn der Artikel über eine EAN verfügt, tragen Sie diese in das Feld *EAN* ein.

> Die EAN ist eine standardisierte Artikelnummer. EAN steht dabei für "European Article Number". Seit 2009 wird sie durch die GTIN (=Global Trade Item Number) ersetzt. Beide werden – sofern vorhanden – in der Regel unter dem Barcode auf den Artikelverpackungen abgedruckt.

- Als *Artikelname* geben Sie einen aussagekräftigen Namen für den Artikel ein. Dieser sollte so viele Informationen enthalten, dass der Artikel deutlich von anderen Artikeln im Shop unterschieden werden kann, denn die Angabe steht in der Bestellübersichtsseite und muss den Artikel deutlich beschreiben.
- Im Feld *Artikelkurzbeschreibung* können Sie eine verkürzte Artikelbeschreibung unterbringen.

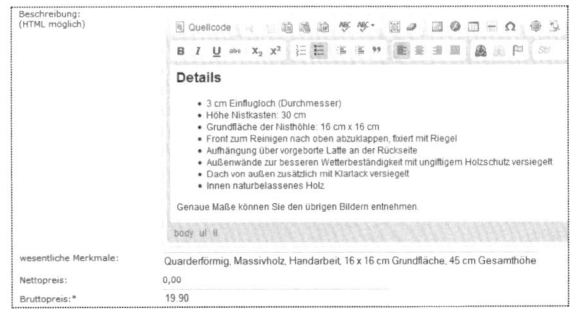

- Weitere wichtige Merkmale des Artikels können Sie im Feld *Wesentliche Merkmale* eintragen. Hier gehören Informationen wie Maße, Farbe, gesetzliche Pflichtinformationen, wie etwa Energieeffizienzklasse bei Elektrogeräten etc. hinein.

Die Felder *Artikelname* und *Wesentliche Merkmale* sollten zusammen alle wesentlichen Informationen zum Artikel enthalten, denn nur diese beiden Felder stehen in der Bestellbestätigungsmail und der Bestellabschlussseite.

- Das Feld *Beschreibung* bietet ausreichend Platz für einen ausführliche Artikelbeschreibung. Hier können Sie den Text auch mit Hilfe der Symbole des Texteditors formatieren und ergänzend Bilder, Hyperlinks etc. einfügen.

> Hinsichtlich der Suchmaschinenoptimierung sollten Sie darauf achten, Überschriften und Zwischenüberschriften in den Artikelbeschreibungen auch als solche zu formatieren. Setzen Sie dazu beispielsweise den Cursor in die Überschrift und wählen Sie aus dem Pulldown-Listenfeld mit den Absatzformaten ein Überschriftenformat aus, statt den Text nur auffälliger zu formatieren.

- Im Feld *Bruttopreis* tragen Sie den Verkaufspreis incl. MwSt ein. Beachten Sie, dass Sie als Dezimalzeichen den Punkt verwenden müssen. Sie geben also `19.90` ein, wenn der Artikel 19,90 € kosten soll.

> Falls Sie in den Shop-Einstellungen angegeben haben, dass Sie Nettopreise nutzen, geben Sie den Preis natürlich in das Feld **Nettopreis** ein. Der jeweils andere Preis wird automatisch berechnet.

- Laden Sie nun die Artikelbilder hoch. Aktivieren Sie dazu das Kontrollkästchen BILD SPRACHUNABHÄNGIG und klicken Sie auf DURCHSUCHEN, um das Artikelbild auszuwählen. Hochgeladen wird das Bild erst beim Speichern der Artikeldaten.

- Im unteren Bereich tragen Sie das Gewicht des Artikels ein. Dieses benötigt Randshop zur Berechnung der Versandkosten. Sie sollten also überlegen, ob Sie das tatsächliche Gewicht eintragen, oder doch ein anderes, um korrekte Versandkosten zu berechnen. Wenn ein Artikel zwar nur 1 kg wiegt und damit als Päckchen versendet werden könnte, ist es sinnvoll, dennoch 2 kg anzugeben, wenn der Artikel von den Maßen her, nicht mehr als Päckchen verschickt werden kann. Bei der Eingabe müssen Sie auch hier wieder einen Dezimalpunkt verwenden. Tragen Sie also `1.2` ein, wenn der Artikel 1,2 kg wiegt oder `0.6` wenn er 600 Gramm wiegt.

- Damit der Artikel auch zum Verkauf steht, wählen Sie im Feld *Onlinestatus* den Wert ONLINE aus. Für *Lieferstatus* wählen Sie die Lieferzeitangabe aus, die zum Artikel passt.
- Wenn Sie möchten, dass der Artikel auf der Startseite des Shops präsentiert wird, setzen Sie das Feld *Startseitenangebot* auf JA.
- Alle weiteren Felder können Sie zunächst einmal unberührt lassen.
- Klicken Sie auf SPEICHERN.

■ Kategorien zuordnen

Legen Sie nun die Kategorie fest, indem Sie nach hochladen des Bildes die Registerkarte KATEGORIE auswählen. Dort können Sie gegebenenfalls ausgeblendete

Unterkategorien mit dem Plus-Symbol einblenden.

1. Aktivieren Sie die Kontrollkästchen von einer oder mehreren Kategorien, denen Sie dem Artikel zuordnen möchten.
2. Klicken Sie nun auf ARTIKELDATEN SPEICHERN.

■ **Zusätzliche Bilder hochladen**

Wenn Sie mehr als ein Bild hochladen möchten, können Sie das jetzt tun. Wechseln Sie dazu wieder auf die Registerkarte GRUNDDATEN und klicken Sie dort auf das Register WEITERE BILDER ZU DIESEM ARTIKEL.

Klicken Sie nun auf den Button DURCHSUCHEN und wählen Sie das nächste Bild aus. Klicken Sie auf ARTIKELDATEN SPEICHERN, um das Bild hochzuladen. Auf gleiche Weise können Sie im Anschluss weitere Bilder hochladen und dann die Änderungen am Artikel mit ARTIKELDATEN SPEICHERN.

Für viele Artikel haben Sie damit alles Notwendige erfasst. Für technische Artikel sind aber häufig Datenblätter angebracht. Diese können Sie über das Register DATENBLATT erfassen und hochladen.

■ **Lagerbestand erfassen**

Wenn Sie bei Lagerbestand von 0 einen abweichenden Lieferstatus für den zugewiesenen Lieferstatus ausgewählt haben, ist es wichtig, dass Sie den korrekten Lagerbestand für den Artikel erfassen. Dazu gibt es zwei Möglichkeiten. Bei Neuanlage eines Artikels können Sie den aktuellen Lagerbestand in das erste Feld *Lagerbestand* (links vom "/") auf der Registerkarte GRUNDDATEN eingeben.

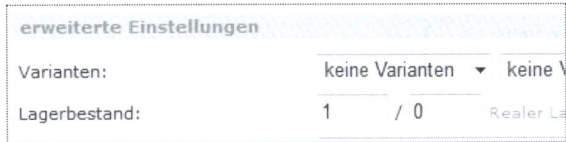

Wenn Sie einen Artikel dupliziert haben und das Duplikat bearbeiten, funktioniert das manchmal leider nicht. In diesem Fall sollten Sie besser die zweite Methode wählen. Diese bietet sich auch an, wenn Sie später den Lagerbestand verändern möchten, weil Sie Artikel außerhalb des Shops verkauft haben oder neu geliefert bekommen haben.

Um den Lagerbestand zu verändern, aktivieren Sie in der oberen Navigationsleiste den Eintrag FAKTURA und dort dann in der linken Navigation auf **Lagerbestand**.

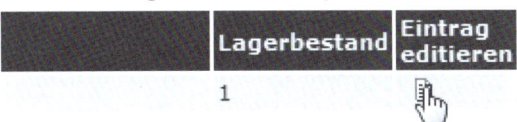

Klicken Sie jetzt auf das Symbol BEARBEITEN in der rechten Spalte und geben Sie dann die zugekaufte Menge des Artikels ein bzw. einen negativen Wert, um den Lagerbestand zu reduzieren.

Artikel duplizieren

Möchten Sie mehrere sehr ähnliche Artikel erfassen, bietet es sich an, statt alles immer wieder neu einzugeben, besser einen vorhandenen Artikel zu duplizieren und dann die notwendigen Änderungen vorzunehmen. Das Duplikat bleibt auch solange offline, bis Sie den Artikel auf "online" setzen.

Möchten Sie Artikel duplizieren, klicken Sie dazu einfach auf das Symbol DUPLIZIEREN in der Artikelliste. Der Artikel wird dann mit vorangestelltem "Kopie von" im

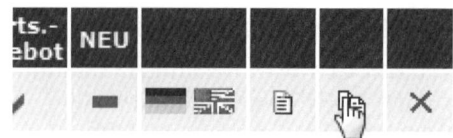

Artikelnamen unter dem duplizierten Artikel eingefügt und offline geschaltet.

Artikel suchen und bearbeiten

Möchten Sie Artikel nachträglich bearbeiten, klicken Sie dazu auf das Symbol BEARBEITEN. Sie können dann alle Felder bearbeiten und Einstellungen ändern.

Das größere Problem, vor allem, wenn Sie schon sehr viele Artikel erfasst haben, ist oftmals den richtigen zu finden. Dazu bietet der Admin-Bereich aber eine gut Suchfunktion.

Suchen Sie nach einem bestimmten Artikel, können Sie den Anfang der Artikelnummer in das Suchfeld eingeben und dann auf SUCHEN klicken.

Alternativ können Sie auch nach Artikeln mit einem bestimmten Text im Artikelnamen suchen. Dazu müssen Sie dann aber im Feld *Suche nach:* vorher den Eintrag ARTIKELNAME auswählen.

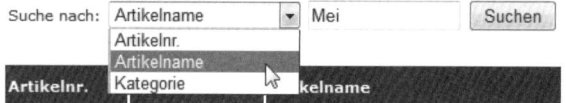

Die dritte Suchmöglichkeit besteht darin, nach Artikelkategorie zu suchen. Damit können Sie unabhängig vom Artikelnamen alle Artikel in einer bestimmen Kategorie finden.

Artikel gruppieren

Wenn Sie Artikel als Sets aus verschiedenen einfachen Artikeln verkaufen möchten, können Sie bereits erfasste Artikel zu einem neuen Artikel kombinieren.

Steht der Warenbestand eines der beteiligten Artikel auf 0, so wind der Lieferstatus auch für die Artikelgruppe und nicht nur für den einzelnen Artikel geändert.

Das geht nicht nur für mehrere verschiedene Artikel, die sie zu einer Gruppe zusammenfassen. Sie können auch einen Artikel mehrfach hinzufügen, etwa als 3er-Set eines Artikels, den es auch einzeln gibt.

Um eine solche Artikelgruppe einzurichten, gehen Sie wie folgt vor:

1. Aktivieren Sie das Register ARTIKEL in der horizontalen Navigation.
2. Klicken Sie auf NEUEN ARTIKEL ANLEGEN.
3. Stellen Sie einen geeigneten Artikelnamen, eine Artikelnummer und eine Kurzbeschreibung ein.
4. Geben Sie eine geeignete Artikelbeschreibung ein.

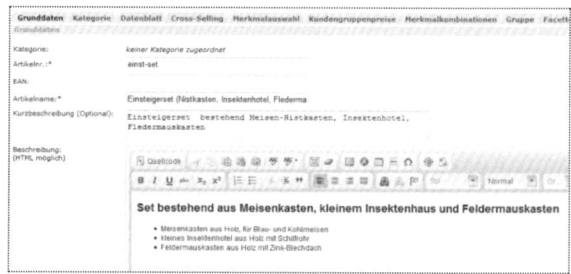

5. Wählen Sie über den Button DURCHSUCHEN die Bilddatei für die Artikelgruppe aus.

> Das Artikelbild sollte alle Artikel der Gruppe enthalten, damit der Besucher es schnell von dem Einzelartikel unterscheiden kann.

6. Klicken Sie anschließend auf SPEICHERN, um die Bilddatei hochzuladen und die Daten zu speichern.
7. Aktivieren Sie die Registerkarte KATEGORIEN, und wählen Sie die gewünschte Artikelkategorie aus. Sie können den Artikel natürlich auch mehreren Kategorien zuordnen, indem Sie mehrere Kategorien auswählen. Klicken Sie dann wieder auf ARTIKELDATEN SPEICHERN.

8. Klicken Sie jetzt das Register GRUPPE an.
9. Aktivieren Sie das Kontrollkästchen ARTIKELGRUPPE AKTIVIEREN.

Randshop blendet nun die verfügbaren Artikel ein und darüber eine noch leere Liste mit den zugeordneten Artikeln.

10. Klicken Sie in der Artikelliste nun nach und nach das Plus-Symbol der Artikel an, die Sie in die Gruppe einfügen möchten.

Nettopreis	Bruttopreis	
25.20	29.99	+
5.87	6.99	+
21.84	25.99	

11. Wenn Sie von einem Artikel in der Gruppe mehrere Einheiten in die Gruppe einfügen möchten, können Sie nach dem Hinzufügen die Anzahl des Artikels ändern, indem Sie die Anzahl in das entsprechende Feld eingeben.
12. Klicken Sie dann auf MENGEN ÜBERNEHMEN. Der Preis für die Artikelgruppe wird automatisch aus den Einzelpreisen berechnet und angezeigt.

Nettopreis	Bruttopreis	Menge	
5.87	6.99	1	×
15.12	17.99	2	×
16.72	19.90	1	×
37,71	**44,88**		

[Mengen übernehmen]

Allerdings wird der Preis nicht automatisch auch als Artikelpreis übernommen. Das ist allerdings auch nicht sinnvoll, denn oftmals wird dem Kunden ja beim Kauf von Sets ein Rabatt angeboten.

13. Merken Sie sich den berechneten Preis und wechseln Sie auf die Registerkarte GRUNDDATEN.
14. Tragen Sie hier den berechneten Preis oder einen Preis Ihrer Wahl als Artikelpreis ein. Achten Sie auch hier darauf, einen Dezimalpunkt einzugeben.

Neben der Beschreibung des Artikels, die Sie auch für gruppierte Artikel erfassen können, zeigt Randshop dem Kunden automatisch auch oberhalb der Beschreibung die Auflistung der Artikel an, aus denen der Artikel besteht. Diese werden mit Hyperlinks versehen, so dass der Benutzer auch direkt zu den Einzelartikeln springen kann.

Das hat den großen Vorteil, dass Sie Beschreibungen der Einzelartikel nicht in die Beschreibung der Gruppe übernehmen müssen und damit doppelten Content erzeugen.

Cross-Selling - ähnliche Artikel anzeigen

Sicher kennen Sie von vielen Shops und auch von Marktplätzen wie Amazon Anzeigen wie "Kunden die diesen Artikel gekauft haben, haben sich für diese Artikel interessiert ... " oder "Diese Artikel passen dazu ...." unter einem angesehenen Artikel. Dies sind sogenannte Cross-Selling-Artikel oder X-Selling-Artikel, das heißt Artikel, die dem aktuell angesehenen ähnlich sind oder dazu passen.

In Randshop können Sie zu jedem Artikel definieren, welche Artikel als Cross-Selling-Artikel angezeigt werden sollen. Leider müssen Sie das aber für jeden Artikel einzeln vornehmen. Gehen Sie dazu wie folgt vor:

1. Erfassen Sie zunächst alle Artikel, die Sie als Cross-Selling-Artikel einem Artikel zuweisen möchten.

Verkaufen Sie beispielsweise Insektenhotels in verschiedenen Größen, bietet es sich an, für jedes Insektenhotel diejenigen in anderen Größen und Ausführungen als Cross-Selling-Artikel festzulegen. Dazu müssen Sie aber zuerst alle diese Artikel erfassen.

2. Öffnen Sie den ersten Artikel für den Sie Cross-Selling-Artikel festlegen möchten zum Bearbeiten, und aktivieren Sie die Registerkarte CROSS-SELLING.
3. Hier werden nun oben die zugeordneten Cross-Selling-Artikel und unten alle Artikel angezeigt. Klicken Sie zum Zuordnen eines Artikels als Cross-Selling-Artikel auf das Plus-Symbol des Artikels in der unteren Liste. Der Eintrag wird dann in die obere Liste kopiert, sofern der Artikel nicht schon zugeordnet ist oder es sich um den Artikel handelt, dem Sie gerade die Cross-Selling-Artikel zuordnen möchten.
4. Klicken Sie auf ARTIKELÜBERSICHT, um wieder zur Artikelübersicht zu gelangen und den nächsten Artikel bearbeiten zu können.

Online	Nettopreis	Bruttopreis	
on	36.89	43.90	+
on	25.20	29.99	+
on	5.87	6.99	+

Die zugeordneten Cross-Selling-Artikel werden immer unterhalb des Artikels in der Artikeldetailansicht angezeigt.

Artikel mit Variationen erstellen

Verkaufen Sie Artikel, die es in unterschiedlichen Farben oder Größen gibt oder die sich sonst ausschließlich in einem Merkmal wie Größe, Farbe oder Material unterscheiden, so bietet es sich an, diese als Variationsartikel zu erstellen. Dann brauchen Sie die Artikelbeschreibung nur einmal zu erfassen und legen das abweichende Merkmal als Variation fest. Nachfolgend wird dies am Beispiel des Insektenhotels gezeigt und die Größe als Merkmal definiert.

■ Merkmale und Merkmalswerte definieren

Zunächst müssen Sie das Merkmal definieren, für das Sie Varianten erstellen wollen.

1. Klicken Sie dazu in der horizontalen Navigation auf ARTIKEL und in der vertikalen Navigation VARIANTENBEZEICHNUNG.
2. Hier klicken Sie auf NEUE VARIANTE HINZUFÜGEN.

3. Geben Sie in das Eingabefeld *Abmessungen*, Maße oder eine für Sie sinnvoll erscheinende Bezeichnung für die Variante ein.
4. Klicken Sie dann auf SPEICHERN.

Jetzt müssen Sie die möglichen Werte für das Merkmal festlegen.

1. Dazu klicken Sie in der linken Navigation auf MERKMALE.
2. Klicken Sie auf NEUES MERKMAL HINZUFÜGEN.
3. Wählen Sie im Feld *Variante* die eben erstellte Variantenbezeichnung aus.
4. Geben Sie im Feld *Name* einen möglichen Wert ein.
5. Klicken Sie auf SPEICHERN.
6. Wiederholen Sie dies, bis Sie alle möglichen Variantenwerte definiert haben.

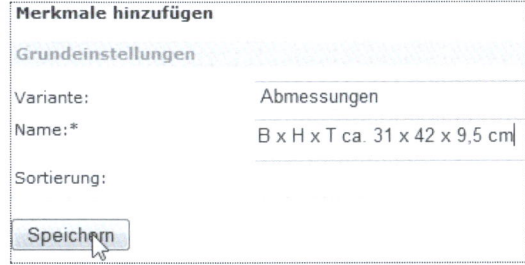

Damit haben Sie dann alle Vorbereitungen getroffen und können nun den Variantenartikel anlegen.

■ Variantenartikel erstellen

1. Klicken Sie nun in der linken Navigation auf ARTIKEL/ÜBERSICHT und erstellen Sie einen neuen, leeren Artikel.
2. Füllen Sie die Felder *Artikelnr*, *EAN*, *Artikelname*, gegebenenfalls *Kurzbeschreibung* und *Beschreibung* aus. Den Preis können Sie weglassen, den legen Sie für die einzelnen Varianten fest.

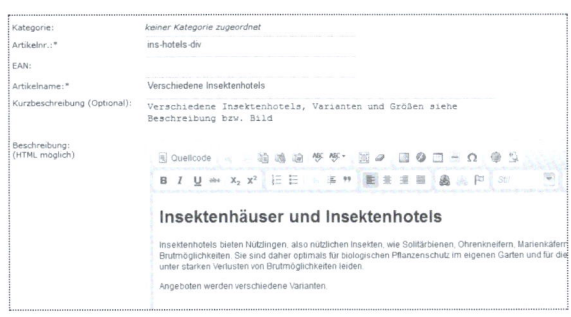

3. Wählen Sie über DURCHSUCHEN das Artikelbild aus. Im optimalen Fall sollte es den Hauptartikel zeigen.
4. Klicken Sie auf SPEICHERN.
5. Wählen Sie im ersten Pulldownlistenfeld *Varianten* den erstellten Variantennamen aus.

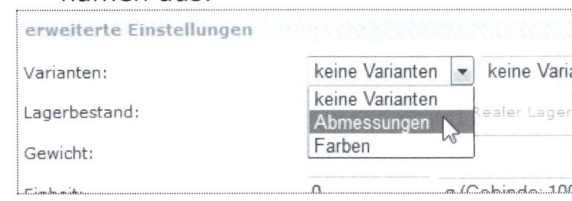

6. Klicken Sie erneut auf SPEICHERN.
7. Aktivieren Sie die Registerkarte MERKMALSAUSWAHL.
8. Aktivieren Sie dort das Kontrollkästchen MERKMALSAUSWAHL AKTIVIEREN.
9. Aktivieren Sie nun die Kontrollkästchen der Werte, die Sie für den Artikel nutzen möchten.

> Es kann sein, dass Sie das Merkmal *Abmessungen* auch für andere Produkte verwenden; dann würden Abmessungen zur Verfügung stehen, die nicht für den aktuell definierten Artikel in Frage kommen.

10. Klicken Sie auf SPEICHERN.

11. Klicken Sie auf die Registerkarte MERKMALSKOMBINATIONEN und aktivieren Sie dort das Kontrollkästchen MERKMALSKOMBINATIONEN AKTIVIEREN.
12. Randshop erzeugt nun die erste Variante und zeigt sie in einer Liste an. Diese sollten Sie zunächst ergänzen und anpassen. Klicken Sie dazu auf das Symbol BEARBEITEN des Eintrags.

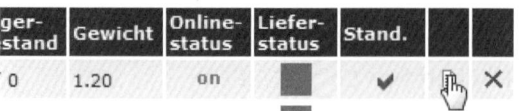

13. Ergänzen Sie nun die fehlenden Daten, wie den Preis, die Artikelnummer, das Versandgewicht etc.
14. Wählen Sie über die Schaltfläche DURCHSUCHEN das Bild für den Artikel aus.
15. Klicken Sie auf SPEICHERN.

16. Fügen Sie nun die nächste Variante hinzu, indem Sie die Daten in die entsprechenden Felder unterhalb der Variantenliste eingeben, ein Bild auswählen und SPEICHERN anklicken.
17. Aktivieren Sie jetzt noch die Registerkarte KATEGORIE und wählen Sie die Kategorien für den Artikel aus. Klicken Sie anschließend noch auf SPEICHERN.

■ Lagerbestand für Variantenartikel einstellen

Für Variantenartikel geben Sie den Lagerbestand ebenfalls über den Admin-Bereich *Faktura* ein. Klicken Sie dort in der linken Navigation auf LAGERBESTAND. Für jede Variante finden Sie dann einen eigenen Artikel, dem Sie den Lagerbestand zuweisen können, wie vorher für einfache Artikel bereits beschrieben wurde.

Für Variantenartikel zeigt Randshop in der Detailansicht eine Auswahlliste für das Merkmal an. Wählt der Nutzer eine Variante aus, wird auch das zugewiesene Artikelbild angezeigt und der Lieferstatus aktualisiert.

So finden Besucher den Shop

Was nützt der beste Shop mit den schönsten Artikeln, wenn kein Internetnutzer weiß, dass es ihn gibt. Die billigste Werbung für einen Online-Shop ist die Suchmaschinenoptimierung des Shops. Dazu gehören eine sinnvolle Vergabe von Artikelbezeichnungen, URLs und Benennung von Bildern genauso wie das Erfassen der Beschreibungen für die Artikel. Die Art und Weise der Textgestaltung und Formulierung trägt ganz erheblich dazu bei, wie weit oben der Shop später in den Google-Suchergebnissen steht.

> Auch wenn nachfolgend fast ausschließlich auf Google eingegangen wird, gilt das auch für andere Suchmaschinen. Eine für Google optimierte Seite ist auch gleichzeitig gut gerüstet für die anderen Suchmaschinen.

Suchmaschinenoptimierung

Suchmaschinenoptimierung kurz SEO (=Search-Engine-Optimizing) umfasst alle Maßnahmen; die dazu führen, dass eine Website von den bevorzugten Suchmaschinen indiziert wird und innerhalb der Suchergebnisse zu relevanten Suchbegriffen möglichst weit oben dargestellt wird. Um die Reihenfolge der Darstellung in den Suchergebnissen zu definieren, den sogenannten "Rang" zu ermitteln, ziehen die Suchmaschinen verschiedene Kriterien heran. Die wichtigsten sind:

- Die absolute Häufigkeit des Vorkommens des Suchwortes in der Seite (vorzugsweise in Überschriften)
- Die Individualität der Inhalte
- Die Länge des Textes auf der Seite und der Anteil des Suchwortes daran.
- Das Vorkommen des Suchwortes in der URL und dem Titel der Seite.
- Das Verhältnis zwischen HTML-Code und Inhalt
- Die Korrektheit des HTML-Codes

SEO heißt also, diese Faktoren möglichst zu optimieren.

Wichtige SEO-Shop-Einstellungen

Randshop bietet an verschiedenen Stellen im Admin-Bereich Einstellungen, die für die Suchmaschinenoptimierung sinnvoll oder gar notwendig sind.

Meta-Startseiten-Einstellungen

Die grundlegende Einstellung sind die Meta-Informationen. Diese haben Sie vielleicht schon beim Einrichten des Seitentitels gesehen. Der Seitentitel gehört zwar auch zu den wichtigsten SEO-Einstellungen, aber der sollte ohnehin bearbeitet werden, denn das ist der Titel des Browserfensters oder der Registerkarte, in der der Shop angezeigt wird. Um die Meta-Startseiten-Einstellungen festzulegen, klicken Sie in der horizontalen Navigationsleiste des Admin-Bereichs auf START/EINSTELLUNGEN. In der linken Navigation finden Sie dann den Eintrag META STARTSEITE. Klicken Sie darauf.

Aus Sicht der SEO sollte der Seitentitel nicht nur den Namen des Shops, sondern auch wichtige Suchbegriffe enthalten. Eine einfache Aufzählung ist allerdings kontraproduktiv. Verpacken Sie diese möglichst in einen sinnvollen Satz oder ein Statement. Statt des Titels "Naturschutzshop mit Herz" besser "Naturschutzshop mit Herz - Nistkästen, Insektenhotels und mehr …" verwenden.

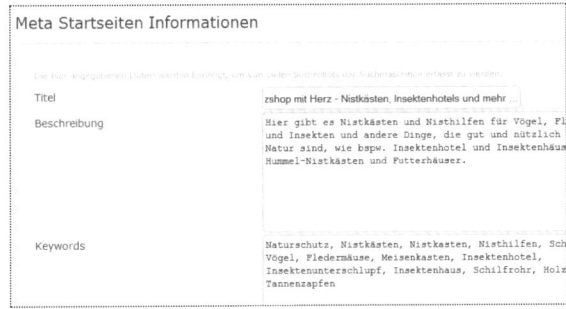

Im Feld *Beschreibung* sollten Sie eine kurze Beschreibung des Shops und der enthaltenen Produkte als Fließtext unterbringen. Also keine Aufzählung von Suchwörtern, sondern wirklich ganze Sätze. Diese sollten aber eine möglichst hohe Suchwortdichte haben.

Das Feld *Keywords* dient hingegen dazu, wirklich eine Aufzählung von wichtigen Suchbegriffen zu erfassen. Allerdings ist es hier nicht sinnvoll beliebige Begriffe unterzubringen, nur um Besucher in den Shop zu locken.

> Es gibt Shop-Betreiber, die meinen, mit Suchwörtern wie "Sex" oder "sexy" in den Meta-Daten, locken Sie Besucher an. Klar, gehört das mit zu den meistgesuchten Begriffen im Internet. Aber wenn der Shop damit nichts zu tun hat, bewirkt das nur, dass eventuell Besucher auf den Shop aufmerksam werden, bestellen werden sie aber in den meisten Fällen nichts, denn sie finden ja nicht, was sie suchen.

Beschränken Sie sich am besten auf Suchbegriffe zu den Artikeln im Shop, eventuell noch solche, die thematisch in der unmittelbaren Nähe liegen. Beispielsweise ist "Meise" beim Verkauf von Meisenkästen sicher legitim, auch wenn Sie keine Meisen verkaufen. Die Angabe von "Ferrari", wenn Sie lediglich Fiat Kleinwagen verkaufen, ist es sicherlich nicht mehr.

> Auch rechtlich könnte es hier Probleme geben. Verwenden Sie Markenamen und Produktnamen von Konkurrenten oder solche von Marken, die Sie nicht wirklich im Shop vertreiben, ist dies wettbewerbswidrig und kann abgemahnt werden. Seien Sie also vorsichtig, bei Verwendung von Markennamen und Warenzeichen in der Meta-Beschreibung.

Sprechende URLs

Generell unterstützt Randshop "sprechende URLs". Damit sind URLs gemeint in denen der Artikelname und der Kategoriename vorkommt. Allerdings müssen Sie diese Funktion explizit aktivieren.

Im Normalfall stehen in der URL nur Artikel- und Kategorie-ID.

Bei solchen URLs stehen in der Regel keine Suchworte in der URL, maximal die, die in der Domain vorkommen. Aus SEO-Sicht sind solche URLs daher weit weg von optimal.

Um sprechende URLs zu aktivieren, gehen Sie wie folgt vor:

1. Klicken Sie in der linken Navigation auf SHOPEINSTELLUNGEN und aktivieren Sie die Registerkarte SEO.
2. Aktivieren Sie das Kontrollkästchen SPRECHENDE URLS AKTIVIEREN.
3. Bestätigen Sie nun mit Klicken auf JA, dass Sie sprechende URLs aktivieren möchten.

Wenn Sie im Anschluss die Shopseite neu laden und über die Navigation einen Artikel aufrufen, sehen Sie, dass jetzt die Kategorie- und Artikelbezeichnung und damit zahlreiche Suchwörter in der URL enthalten sind.

Nun sollten Sie noch ein paar Einstellungen für die sprechenden URLs setzen. Als erstes sollten Sie das Kontrollkästchen MÖGLICHE EINGABE VON EIGENEN URL-VORGABEN BEI DEN DATEN: aktivieren. Damit haben Sie bei Erfassung von Artikeln die Möglichkeit die URL selbst zu verändern, die Randshop aus dem Artikelnamen berechnet hat. Dazu steht bei der Artikelanlage und -bearbeitung ein neues Eingabefeld zur Verfügung.

Im Feld *Löschen der alten Umleitungen nach …* sollten Sie den Wert von 3 auf 24 setzen. Warum? Ganz einfach. Umleitungen können Sie sich vorstellen wie eine Art Nachsendeauftrag, den Sie auch bei der Post aufgeben, wenn Sie umziehen und die Post an die neue Adresse nachgesendet werden soll.

Nehmen Sie an, Google oder andere Suchmaschinen haben Ihren Shop schon indiziert, was bei einer Neuanlage aber noch unwahrscheinlich ist.

Jetzt steht im Index eine der alten URLs, bevor Sie die sprechenden URLs aktiviert haben. Der Benutzer von Google, der jetzt in den Suchergebnissen auf den Link klickt würde jetzt auf eine Fehlerseite weitergeleitet werden, weil ja die URL in dieser Form nicht mehr existiert, nachdem Sie sprechende URLs aktiviert haben. Daher legt Randshop Umleitungen an. Das heißt beim Aufruf einer alten URL wird auf die neue umgeleitet. Standardmäßig werden diese Umleitungen nach 3 Monaten gelöscht. Das ist ein Zeitraum, der aber oftmals zu kurz ist, denn nicht immer ist sichergestellt, dass die Suchmaschinen Ihren Shop innerhalb der drei Monate erneut indizieren und nun die neuen URLs in den Index aufnehmen.

> Die erneute Indizierung können Sie aber unterstützen, indem Sie bei den Suchmaschinen Google und Bing eine Sitemap einreichen. Mehr dazu weiter unten.

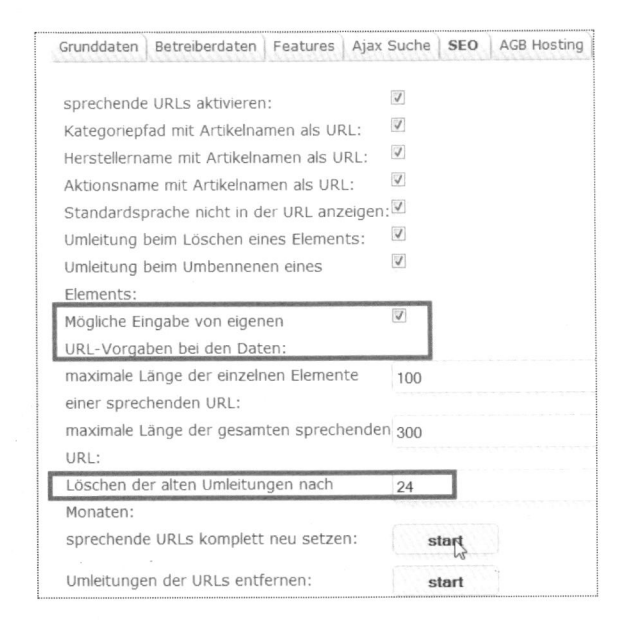

Wichtig für die sprechenden URLs ist, dass Sie die Artikel sinnvoll benennen, um auch eine URL zu erhalten, in der die wichtigsten Suchbegriffe enthalten sind. Nennen Sie einen Meisenkasten beispielsweise "Meisenkasten mit 2 cm Einflugloch als Nistkasten für Blaumeisen". Dann steht nicht nur im Seitentitel für den Artikel das wichtigste drin, sondern auch in der URL der Seite.

Optimale Kategorienamen

Gleiches gilt im Prinzip für Kategorienamen. Diese werden aber nicht nur Bestandteil der URL, sondern stehen auch in der Breadcrumb-Navigation sowie in der Navigation auf der linken Seite. Das heißt: Jeder wesentliche Suchbegriff den Sie in den Kategoriebezeichnungen unterbringen, platzieren Sie daher mehrmals auf der Seite. Dadurch erhöhen Sie die Suchwortdichte auf der Seite ganz erheblich.

Statt die Kategorien wie folgt aufzubauen:

- Nistkästen
  - Meisen
  - Spatzen
  - Stare
  - Eulen
  - Schwalben

sollten Sie besser diese Variante wählen:

- Nistkästen und Nisthilfen
  - Meisenkästen
  - Nistkästen für Spatzen
  - Starenkästen
  - Eulenkästen, Nistkästen für Eulen
  - Schwalbennester, Schwalben-Nisthilfen

In dieser Variante kommt das Word "Nisthilfe" bzw. "Nistkästen" zusätzlich zu den Vogelarten häufig vor und erhöht damit die Suchworthäufigkeit.

> Sie sollten das aber nicht übertreiben, denn eine zu hohe Suchwortdichte kann wiederum als Suchmaschinen-Spamming mit einer Abstrafung im Ranking bestraft werden.
>
> Erfahrungsgemäß ist es für den Nutzer einfacher, die richtige Kategorie zu finden, wenn es weniger Ebenen gibt. Also besser nur eine zweistufige Kategoriestruktur.

Optimale Artikelbeschreibungen

"Doppelter Inhalt" (engl. Double Content) ist eines der Schreckgespenster der Suchmaschinenoptimierung. Damit ist gemeint, dass auf mehreren Seiten oder gar mehreren Domains die gleichen oder extrem ähnliche Inhalte zu finden sind. Das bewirkt, dass Google die Seiten herabstuft.

Doppelte Inhalte kommen aber gerade bei Shops häufig vor, nämlich dann, wenn Sie beispielsweise mehrere gleichartige Artikel verkaufen, die sich nur in der Farbe oder Größe unterscheiden. Die Beschreibungen sind dann in der Regel bis auf minimale Unterschiede gleich.

Für dieses Problem gibt es mehrere Möglichkeiten. Sie können Variationsartikel anlegen. In diesem Fall legen Sie den Artikel einmal an und definieren nur eine Eigenschaft wie beispielsweise "Farbe", in der sich die Varianten unterscheiden. Diese kann der Benutzer dann aus einer Auswahlliste auswählen.

Die Alternative ist, dass Sie sich bemühen, jede Artikelbeschreibung zu variieren und zwar indem Sie Fließtextpassagen variieren, gegen Aufzählungen tauschen und für einzelne Varianten zusätzliche Informationen hinzufügen. So vermeiden Sie doppelte Inhalte und erhalten individuelle Texte bei gleichartigen Artikeln.

Diese Methode hat den Vorteil, dass Sie den Anteil an den Suchwörtern die diesen Artikel betreffen innerhalb des Shops deutlich erhöhen und damit auch die Zahl der Shop-Seiten die im Suchindex der Suchmaschinen gelistet werden.

Sehr wichtig für die Suchmaschinenoptimierung ist auch korrekter und möglichst standardkonformer HTML-Code. Das heißt, es ist nicht nur wichtig, ein Shop-System zu verwenden, das korrekten Code erzeugt, sondern auch in den Artikel- und Kategoriebeschreibungen den Text sinnvoll zu formatieren. Dazu gehört:

- Für Überschriften und Zwischenüberschriften die vorgegebenen Überschriftenformate zu verwenden und nicht den Text einfach größer zu formatieren.
- Besser CSS-Klassen und Elementstile verwenden als alte HTML-Tags zur Formatierung, wie beispielsweise `<font>`- und `<center>`.

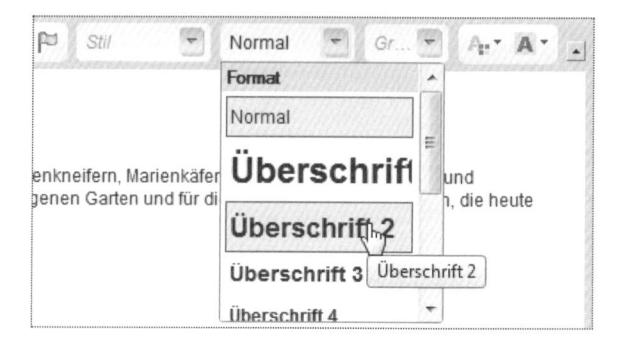

Für viele häufig benötigte Hervorhebungen, wie kursive Schrift, Schreibmaschinenschrift, oder Textmarkerhervorhebungen stellt Randshop bereits vorgefertigte Stile im Editor zur Verfügung, die Sie über die Liste "Stil" auswählen und dem markierten Text zuweisen können.

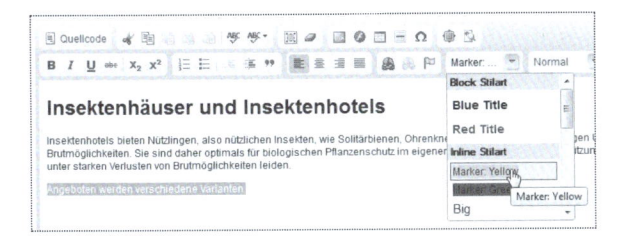

> Die Liste unterscheidet zwischen "Block-Stilarten" und "Inline-Stilarten". Inline-Stile werden nur dem markierten Text zugewiesen. Block-Stile immer dem kompletten Absatz, in dem Sie derzeit der Cursor oder die Markierung befindet.

Auch die Formatierungen, die der Editor über die Symbole der Symbolleisten zur Verfügung stellt, können Sie bedenkenlos verwenden. Problematisch ist vor allem fertiger HTML-Code, den Sie aus anderen Shops, Internet-Seiten oder als formatierten Word-Text einfügen. Ungültiger HTML-Code wird zwar beim Einfügen ausgefiltert bzw. korrigiert, veralteter aber nicht, vor allem dann nicht, wenn Sie vor dem Einfügen in die Quellcodeansicht umschalten, indem Sie oben links auf QUELLCODE klicken.

Google-Webmastertools verwenden

Die Google-Webmastertools sind nicht direkt für die Suchmaschinenoptimierung notwendig, unterstützen Sie aber dabei, Probleme Ihres Shops aufzuspüren und die Indizierung des Shops zu überwachen.

Sie sollten sich und Ihren Shop daher bei den Webmastertools anmelden.

Richten Sie sich dazu zunächst ein Konto bei Google ein, sofern Sie nicht schon eines besitzen, weil Sie eine Google-E-Mail-Adresse oder eine Google+-Seite haben. Gehen Sie dazu auf die Startseite von Google unter www.google.de. Klicken Sie oben rechts auf ANMELDEN und dann auf KONTO HINZUFÜGEN. Folgen Sie den Anweisungen des Assistenten.

Haben Sie ein Google-Konto eingerichtet und sich bei Google mit diesem Konto angemeldet, geben Sie in die Adresszeile die URL der Webmastertools ein:
www.google.com/webmasters/
und klicken auf IN WEBMASTERTOOLS ANMELDEN. Nach der Anmeldung, gelangen Sie zum Dashboard der Webmastertools. Wenn Sie dort schon Websites eingefügt haben, werden die nun angezeigt.

Auf jeden Fall sollten Sie jetzt den Shop hinzufügen, indem Sie oben rechts auf WEBSITE HINZUFÜGEN klicken.

Geben Sie nun die URL Ihres Shops in das Popup-Fenster ein. Klicken Sie dann auf WEITER.

Google zeigt Ihnen nun Informationen an, wie Sie bestätigen können, dass Sie wirklich der Inhaber der Seite sind. Dazu haben sie die Möglichkeit den Domain-Rekord bei Ihrem Provider zu bearbeiten, eine Datei per FTP hochzuladen oder einen HTML-Tag in die Startseite einzufügen.

Wählen Sie eine für Sie praktikable Variante aus und führen Sie diese durch.

> Den Domain-Rekord sollten Sie nur dann editieren, wenn Sie entsprechende Kenntnisse besitzen. Fehler hierbei können bewirken, dass Ihre Domain nicht mehr gefunden wird. Das merken Sie aber womöglich erst mehrere Stunden oder Tage später.

Wenn Sie die Schritte durchgeführt haben, klicken Sie auf BESTÄTIGEN.

Google prüft im nächsten Schritt ob, es den eingefügten Code finden kann. Wenn Sie jedoch den Domain-Rekord editiert haben, kann das fehlschlagen, weil Google die Änderung erst dann erkennen kann, wenn diese an die DNS-Server im Internet übermittelt sind.

Unter Umständen müssen Sie an dieser Stelle also eine kleine Pause machen und ein paar Stunden abwarten. Sie können dann aber einfach erneut auf BESTÄTIGEN klicken, um zu prüfen, ob die Bestätigung nach etwas Wartezeit erfolgt.

Anschließend machen Sie mit den nachfolgend beschriebenen Schritten weiter oder bestätigen die Seite mit alternativen Methoden.

> Die einfachste Methode, die Sie auch ohne großartige HTML-Kenntnisse nutzen können, ist das Einfügen des Tags in die Startseite des Shops. Sie finden diese in der Regel unter den alternativen Methoden beschrieben. Fügen Sie den dort angegeben <meta>-Tag einfach in die Vorlagendatei für die Startseite des Shops ein. Dies ist die Datei index.tpl im Verzeichnis "templates/standard/website/". Öffnen Sie diese Datei in einem Editor Ihrer Wahl und fügen Sie den <meta>-Tag vor </head> in die Datei ein. Speichern Sie die Datei und laden Sie sie wieder in das gleiche Verzeichnis auf dem Server hoch.

Wurde die Seite bestätigt, klicken Sie auf WEITER und gelangen dann auf die Übersichtssite für die neue Website.

Noch sehen Sie natürlich nicht viel, vor allem dann nicht, wenn die Domain und der Shop neu sind und Sie noch keine Sitemap eingereicht haben. Das sollten Sie daher als erstes tun, denn es beschleunigt auch das Indizieren der Shop-Seiten durch Google.

> Lassen Sie die Webmaster-Tools-Seite ruhig noch im Browser geöffnet. Dann können Sie gleich nach Einreichen der Sitemap sehen, ob es Probleme mit der Sitemap gibt.

Sitemaps erstellen und bei Google bekanntgeben

Sitemaps sind XML-Dateien, die alle für Browser zu indizierende Seiten enthalten. Sie helfen Suchmaschinen bei einer sinnvollen und effizienten Indizierung und Verschlagwortung der URLs.

> XML ist die Abkürzung für "eXtensible Markup Language" und ist eine Syntax zur Beschreibung von Daten. Sie beruht auf einer Gliederung der Daten in Form von verschachtelten "Tags" wie Sie sie eventuell von HTML kennen.

Randshop kann eine solche Sitemap vollautomatisch erstellen und bei Bing und Google bekanntgeben. Gehen Sie dazu wie folgt vor:

1. Öffnen Sie das Stammverzeichnis Ihres Shops mit einem FTP-Programm und legen Sie die Schreibrechte für die dort vorhandene Datei "Sitemap.xml" wie folgt fest:

So finden Besucher den Shop

Falls Sie WS_FTP verwenden, klicken Sie dazu die Datei auf dem Webserver mit der rechten Maustaste an und wählen DATEI-ATTRIBUTE aus dem Kontextmenü aus. Dann setzen Sie die Kontrollkästchen wie in der Abbildung gezeigt und schließen das Dialogfeld mit OK.

2. Nun kehren Sie wieder zum Admin-Bereich Ihres Shops zurück.
3. Klicken Sie auf START/EINSTELLUNGEN und links auf SITEMAP.
4. Klicken Sie auf SITEMAP ERSTELLEN.
5. Klicken Sie anschließend auf SITEMAP BEI GOOGLE BEKANNT GEBEN und danach auf SITEMAP BEI BING BEKANNT GEBEN.

(Anmerkung des Lektors: gemeint ist offensichtlich das deutsche Wort bekanntgeben ;)

Sie sollten nun kontrollieren, ob in den Webmastertools die Sitemap angekommen ist. Es kommt vor, dass die automatische Übermittlung misslingt. Dann können Sie dies aber über die Webmastertools nachholen.

Laden Sie die Seite mit den Webmastertools im Browser neu, indem Sie [F5] drücken.

Sollte jetzt immer noch anzeigt werden, dass keine Sitemap eingereicht wurde, gehen Sie folgendermaßen vor, um die Sitemap einzureichen:

1. Klicken Sie auf SITEMAPS.
2. Klicken Sie jetzt oben rechts auf SITEMAP HINZUFÜGEN/TESTEN.
3. Geben Sie nun `sitemap.xml` in das Eingabefeld ein.
4. Klicken Sie auf SITEMAP EINREICHEN.

Wenn Sie nun die Seite über [F5] neu geladen haben, werden die eingereichten Sitemaps angezeigt. Die angezeigte Zahl Webseiten im Bild ergibt sich aus den URLs von Kategorie- und Artikelseiten, sowie CMS-Seiten im Shop, die in die Sitemap eingefügt wurden.

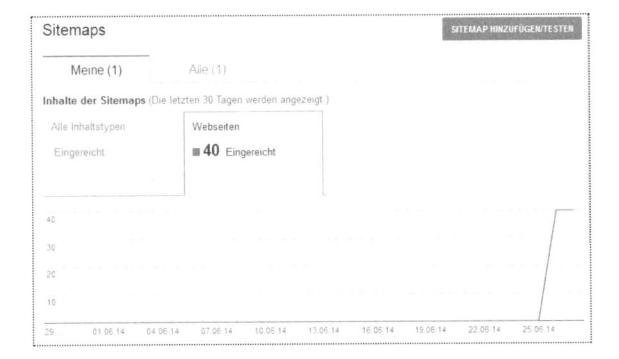

Unterhalb der Grafik zeigt Google außerdem Informationen zum Indexierungsstatus an, also wie viele Seiten bereits in den Suchmaschinenindex aufgenommen wurden.

Normalerweise dauert es zwischen 14 Tagen und 6 Wochen, bis eine neu eingereichte Sitemap indexiert wurde. Wenn das geschehen ist, können Sie der Anzeige auch die exakten Daten entnehmen, wann Google die Indizierung vorgenommen hat.

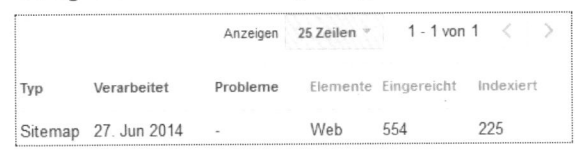

Auch die Crawling-Statistiken, die Sie über die linke Navigation aufrufen können, sind sehr aufschlussreich. Die erlauben nämlich zu erkennen, an welchen Tagen besonders viele Seiten indiziert wurden. Damit haben Sie die Möglichkeit, Auffälligkeiten in den Zugriffsstatistiken des Shops korrekt zuzuordnen. Es gibt Tage, wo die Anzahl Besucher am aktuellen Tag explosionsartig in die Höhe schießt. Gerade wenn Sie später Marketingaktionen starten, ist es wichtig, erkennen zu können, ob das "echte" Besucher sind oder der Crawler von Google ist.

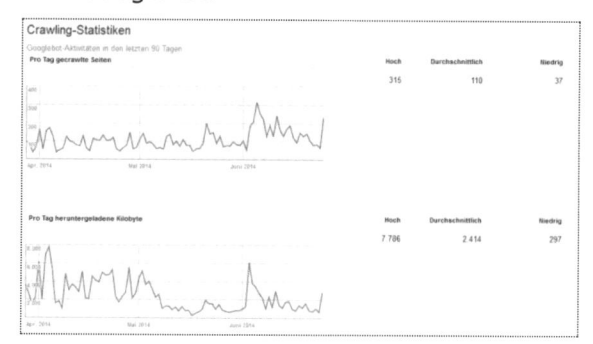

Wenn maximale Ausschläge bei den Crawling-Statistiken mit besonders vielen Besuchern der Shop-Besucherstatistik übereinstimmen, liegt es nahe, dass dies eben keine "echten" Besucher sondern der Crawler von Google war.

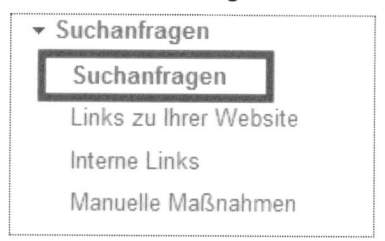

Andererseits können Sie an der Statistik zu den Suchanfragen auch erkennen, ob an diesen speziellen Tagen vielleicht auch besonders viele Besucher die Seite in den Suchergebnissen angeklickt haben.

Die Besucherstatistiken Ihres Shops finden Sie im Admin-Bereich unter START/EINSTEL-LUNGEN und einen Klick auf STARTSEITE.

> Sie sollten alle paar Wochen die Sitemap neu erstellen und einreichen. Insbesondere dann, wenn Sie viele neue Artikel eingepflegt oder die Kategoriestruktur verändert haben.

Das News-Modul nutzen

Der Shop bietet eine News-Funktion, mit der Sie Neuigkeiten darstellen können. Diese sollten Sie auch nutzen, denn damit erzeugen Sie regelmäßig neue Inhalte, die gut für die Suchmaschinenoptimierung sind.

Sie können die News-Funktion nutzen, um Kunden regelmäßig über neue Artikel zu informieren oder auch Veränderungen in den Versandkosten mitteilen.

Für jeden News-Beitrag können Sie auch eine Bilddatei hochladen, die neben dem Beitrag angezeigt wird. So ein News-Beitrag ist in ein paar Minuten erstellt, zeigt dem Kunden aber zumindest – nachdem Sie schon ein paar verfasst haben, dass im Shop regelmäßig etwas passiert und er gewartet wird und nicht nur eine Karteileiche im Internet darstellt.

Zunächst sollten Sie aber den als Standard erzeugten News-Beitrag löschen. Klicken Sie dazu in der horizontalen Navigation auf KUNDEN und dann in der linken Navigation auf ÜBERSICHT im Kasten *News*.

Hier werden alle News-Beiträge aufgeführt. Klicken Sie für den vorhandenen einfach auf das Symbol LÖSCHEN und bestätigen Sie den Löschvorgang mit einem Klick auf JA.

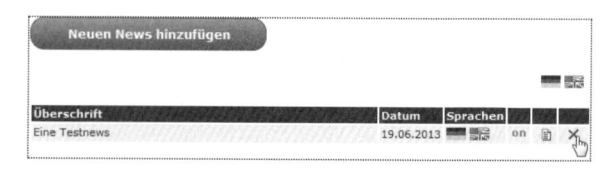

Gehen Sie nun wie folgt vor, um einen Newsbeitrag zu veröffentlichen:

1. Klicken Sie auf den Button NEUE NEWS HINZUFÜGEN.
2. Tragen Sie den Titel für die neue Nachricht in das dafür vorgesehene Feld ein.

3. Geben Sie den Text ein, und wählen Sie anschließend über die Schaltfläche DURCHSUCHEN ein kleines Bild aus; aktivieren Sie das Kontrollkästchen BILD SPRACHUNABHÄNGIG.
4. Klicken Sie auf NEWS SPEICHERN.
5. Klicken Sie in der Übersicht noch auf OFF, um den Beitrag online zu schalten.

Bei der Auswahl der Bilddatei sollten Sie bedenken, dass das Bild nicht wie bei den Artikelbildern skaliert, also auf eine passende Größe gebracht wird. Sie sollten es daher in der Größe hochladen, in der es angezeigt werden soll. Breiten jenseits von 300 Pixel sind dabei deutlich zu viel, weil daneben sonst kaum noch Text Platz hat.

Standardmäßig enthält die horizontale Navigationsleiste einen Eintrag NEWS. Durch einen Klick darauf kann der Nutzer eine chronologisch sortierte Liste mit News-Beiträgen aufrufen.

Über die Auflistung können dann die einzelnen News angezeigt werden.

> Leider gibt es im aktuellen Template des Shops einen Fehler, sodass in den Newsbeiträgen falsche Seitentitel und Meta-Informationen eingefügt werden. Wie Sie das beheben können, finden Sie im Forum beschrieben unter www.forum.randshop.com/viewtopic.php?f=62&t=11027&p=43299#p43173

Wissenswerte Informationen unterbringen

Der Randshop-Shop bietet die Möglichkeit in kleinerem Umfang auch Texte und wissenswerte Informationen über das CMS-System unterzubringen.

> CMS ist die Abkürzung für Content Management System (engl. für: Inhaltsverwaltungssystem) das für die Verwaltung von Inhalten einer Website genutzt wird – in diesem Fall des Shops.

Inhalte, also Wissenswertes zum Material, den Produkten oder wichtigen Randinformationen sind sehr wichtig für das Suchmaschinen-Ranking, denn sie fördern die Verlinkung des Shops von anderen Seiten aus. Backlinks auf Shop-Artikel- und Kategorien werden von fremden Seiten selten gesetzt. Gibt es aber wissenswertes zu lesen, sind viele Website-Besitzer doch zum Verlinken bereit.

Damit die CMS-Seiten auch aufgerufen werden können, müssen Sie sie sogenannten CMS-Menüpunkten zuweisen. Diese sollten Sie daher zuerst anlegen.

■ CMS-Menüpunkte erstellen

Zunächst sollten Sie den CMS-Menüpunkt anlegen, indem Sie in der horizontalen Navigationsleiste auf CMS klicken.

1. In der linken Navigationsleiste klicken Sie unter *CMS-Navigation* auf ÜBERSICHT.
2. Klicken Sie jetzt auf den Button NEUEN NAVIGATIONSPUNKT HINZUFÜGEN.
3. Geben Sie nun den Namen für den Navigationspunkt in das Feld *Name des Navigationspunktes* ein.
4. Geben Sie in das Feld *Sortierung* die Position in der Sortierung ein. Je niedriger der Wert, desto weiter links wird der Eintrag in der horizontalen Navigation angezeigt.
5. Klicken Sie auf KATEGORIE SPEICHERN.

■ Neue CMS-Seite anlegen

Ist der Menüpunkt angelegt, können Sie ihm Seiten zuordnen, und zwar so:

1. Klicken Sie in der linken Navigation auf ÜBERSICHT unter *CMS Beiträge*.
2. Klicken Sie auf NEUEN BEITRAG ANLEGEN.
3. Geben Sie nun eine Nummer für den Beitrag an, beispielsweise 0001 für den ersten und erfassen Sie den Beitragstitel im Feld *Titel des Beitrags*. Dieser wird auch in der Navigation angezeigt.
4. Anschließend geben Sie den Text im Editor ein und formatieren ihn nach Belieben.
5. Klicken Sie auf SPEICHERN.
6. Ordnen Sie nun den Beitrag einem Navigationspunkt zu, indem Sie auf das Register NAVIGATION klicken.

7. Aktivieren Sie nun das Kontrollkästchen vor dem gewünschten Navigationspunkt und speichern Sie diese Wahl mit ARTIKELDATEN SPEICHERN.

> Wenn Sie einem Navigationspunkt mehrere Beiträge zuordnen, werden diese nicht als Pulldown-Menü angezeigt, sondern untereinander als Inhalt der Seite. Das ist nicht tragisch, aber aus Suchmaschinensicht nicht optimal, weil damit die Suchwortdichte besonderer Suchwörter in jedem CMS-Beitrag sinkt, weil die Wörter der anderen ebenfalls auf der Seite angezeigten Beiträge hinzukommen.

Wenn Sie viele CMS-Beiträge planen, lohnt es sich, diese thematisch zu untergliedern. Dazu können Sie untergeordnete CMS-Navigationspunkte anlegen. Im optimalen Fall legen Sie für jeden CMS-Beitrag einen eigenen Navigationspunkt an.

Bei der Anlage des CMS-Navigationspunktes wählen Sie dazu nicht *Hauptkategorie* sondern den übergeordneten Navigationspunkt aus.

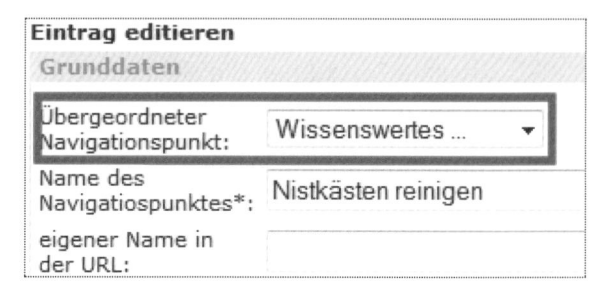

Wenn Sie auf diese Weise für jeden CMS-Beitrag einen untergeordneten Navigationseintrag anlegen, könnte die Navigationsstruktur dann wie folgt aussehen:

Die CMS-Beiträge können Sie dann jeweils einem Navigationspunkt zuordnen. Beim Klicken auf den übergeordneten Navigationseintrag werden diese nacheinander aufgelistet und links eine gegliederte Navigationsstruktur angezeigt.

Aus SEO-Sicht ist dies optimal, weil die Suchwortdichte für jeden CMS-Beitrag höher ist, wenn nur ein recht enges Thema mit immer wieder den gleichen Begriffen abgehandelt wird, als wenn die Seite eine ganze Reihe Beiträge zu verschiedenen Themen enthält.

> Und auch für den Nutzer ist das deutlich praktischer weil er schneller findet, was er sucht.

Interessante Shop-Funktionen und Module richtig nutzen

Es gibt einige eingebaute Shop-Funktionen und optional zu erwerbende Module, die durchaus interessant sind für manche Shop-Betreiber, aber nicht zu den Standard-Shop-Funktionen gehören. Die wichtigsten werden nachfolgend vorgestellt, damit Sie entscheiden können, ob Sie sie nutzen möchten oder nicht.

Startseiten-Slider

Seit der Version 2.0 von Randshop gibt es den Startseiten-Slider. Das ist ein Banner mit wechselnden, verlinkten Bildern. Klickt der Nutzer auf ein Bild wird er auf die verlinkte Seite geleitet. Die kann im Shop selbst liegen, beispielsweise eine Kategorieseite oder Artikelseite, aber natürlich auch extern liegen.

> Betreiben Sie mehrere Shops, ist der Startseiten-Slider eine effiziente Möglichkeit auf die anderen Shops aufmerksam zu machen, indem Sie im Slider Bilder aus den anderen Shops einblenden und mit den anderen Shops verlinken. Spricht der Artikel den Besucher an, gelangt er über den Link in den anderen Shop.

■ Bilder vorbereiten

Sie benötigen für den Startseiten-Slider natürlich auch Bilder. Wie bei der News-Funktion werden auch hier die Bildgrößen nicht angepasst. Sie müssen die Slider-Bilder also in der gewünschten Größe erstellen. Die Größe sollte 600 x 267 Pixel betragen. Erstellen Sie also zunächst aus den Produktbildern Ausschnitte in dieser Größe, die Sie für den Slider nutzen möchten.

■ Die Bilder hochladen

Nach Vorbereitung der Bilder, können Sie diese jetzt hochladen.

1. Klicken Sie dazu im Admin-Bereich in der horizontalen Navigation auf CMS und in der linken Navigation auf ÜBERSICHT unter *Startslider*.
2. Klicken Sie auf NEUES BILD HOCHLADEN.

3. Wählen Sie nun das Bild, das Sie hochladen möchten, über den Button DURCHSUCHEN aus.
4. Fügen Sie die URL, auf die verlinkt werden soll, in das Feld *URL* ein.
5. Klicken Sie auf SPEICHERN.
6. Fügen Sie auf gleiche Weise die weiteren Bilder und URLs hinzu.

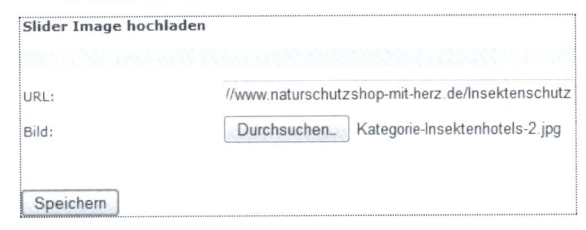

Sie können so viele Bilder hinzufügen wie sie möchten. Für den Anfang reichen aber drei bis vier völlig aus.

> Um die URL einzufügen, kopieren Sie diese am besten über die Zwischenablage. Rufen Sie in einem neuen Browserfenster oder Tab, den Shop auf, lassen Sie den Artikel oder die Kategorie anzeigen, auf die Sie verlinken möchten und markieren Sie dann in der Adresszeile des Browsers die URL. Kopieren Sie diese jetzt mit [STRG]+[C] in die Zwischenablage. Setzen Sie jetzt den Cursor in das URL-Feld und drücken Sie [STRG]+[V] zum Einfügen.

Sie können jederzeit die Bilder des Sliders bearbeiten, indem Sie auf das Symbol BEARBEITEN in der Bildübersicht klicken.

Sobald Sie mindestens ein Bild festgelegt haben, wird der Slider auf der Startseite automatisch angezeigt.

Aktionen und Highlights

Randshop kennt sowohl Aktionen wie auch Highlights. Die unterscheiden sich allerdings sehr. Bei Aktionen handelt es sich um eine Art Sonderangebotsaktion, die sich nicht automatisch auf die Preise auswirkt. Sie können damit nur Artikel auf der Startseite besonders hervorheben.

Natürlich haben Sie die Möglichkeit gleichzeitig auch den Preis zu senken. Aber das könnten Sie auch ohne den Artikel einer Aktion zuzuordnen.

Bei Highlights haben Sie die Möglichkeit auch die entsprechenden Artikelbilder mit einem Text hervorzuheben und Sie können die Highlight-Aktion bis zu einem Enddatum begrenzen und für diese Zeit auch einen besonderen Preis für den Artikel angeben.

■ Eine Aktion anlegen

1. Bevor Sie einen Artikel einer Aktion zuordnen können, müssen Sie die Aktion erstellen. Klicken Sie dazu im Admin-Bereich auf ARTIKEL und wählen Sie dann in der linken Navigation unter *Artikel-Aktionen* den Eintrag ÜBERSICHT aus.

2. Klicken Sie jetzt auf NEUE AKTION HINZUFÜGEN und tragen Sie den Namen der Aktion in das Eingabefeld *Aktionsname* ein.

3. Klicken Sie anschließend auf AKTION SPEICHERN.

■ Artikel einer Aktion zuordnen

1. Öffnen Sie nun die Artikelübersicht und öffnen Sie den Artikel zum Bearbeiten, den Sie der Aktion zuordnen möchten.

2. Wählen Sie im Feld *Aktion* die erstellte Aktion aus und speichern Sie den Artikel mit SPEICHERN.

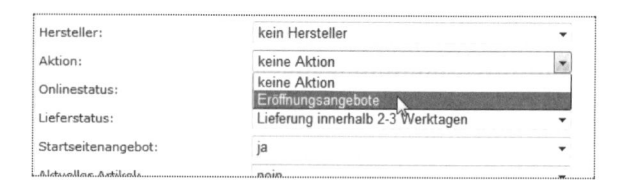

Auf der Startseite und den Artikelseiten werden definierte Angebote aufgelistet. Ein Klick auf die Links zeigt die zugeordneten Artikel an.

Ein Highlight definieren

Für Highlights gilt, dass ihr Name auch als eine Art *Stempel* auf dem Produktfoto verwendet wird. Er sollte daher möglichst kurz sein. Überlegen Sie sich also einen kurzen prägnanten Namen und starten Sie dann wie folgt:

1. Wählen Sie im Admin-Artikelbereich unter *Artikel* den Eintrag HIGHLIGHTS aus. 
2. Klicken Sie auf NEUES HIGHLIGHT HINZUFÜGEN.
3. Geben Sie nun den Text ein, der über dem Produktbild angezeigt werden soll, und wählen Sie eine Darstellung aus dem Listenfeld aus.
   Randshop zeigt nun eine Vorschau anhand eines Artikelbildes an.
4. Klicken Sie auf HIGHLIGHT SPEICHERN.

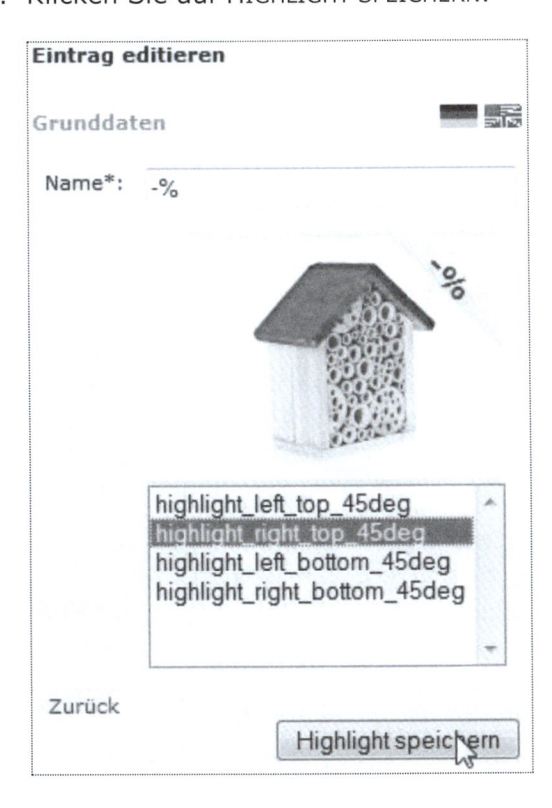

Artikel als Highlight anbieten

1. Öffnen Sie nun den Artikel, den Sie als Highlight-Artikel kennzeichnen möchten, zum Bearbeiten.
2. Wählen Sie im Feld *Highlight* das erstellte Highlight aus. 
3. Geben Sie den Preis für den Artikel an, der während des Highlight-Zeitraums verwendet werden soll. Achten Sie auch hier darauf, einen Punkt als Dezimaltrennzeichen zu verwenden.
4. Wählen Sie das Datum aus, an dem der Artikel nicht mehr als Highlight angezeigt werden soll und wieder zum regulären Preis verkauft wird.

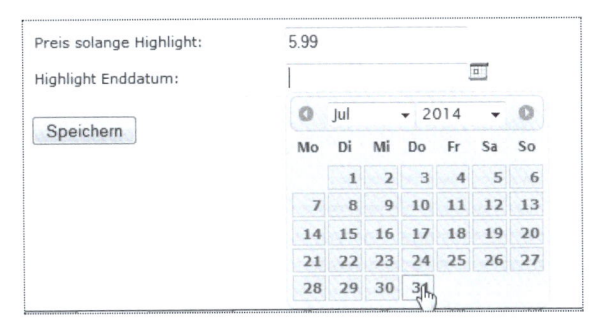

In der Artikelliste wird der Artikel nun mit dem definierten Text im Artikelbild angezeigt. Als Preis wird der Preis während der Highlight-Phase angezeigt, ohne dies jedoch besonders hervorzuheben.

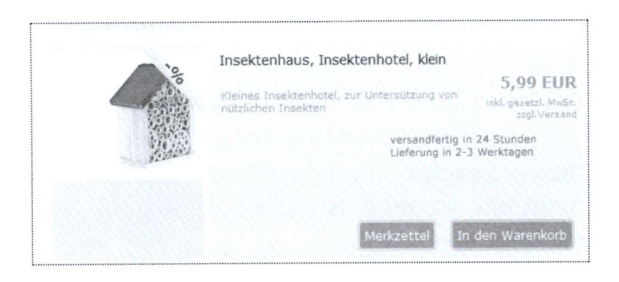

Schöner wäre es natürlich, der alte Preis vor der Highlight-Aktion würde dem Kunden auch angezeigt werden, so wie hier:

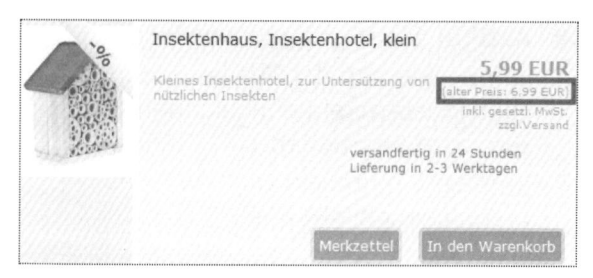

Das können Sie mit einem kleinen Umweg erreichen. Wenn Sie den Artikel ohnehin bearbeiten, um das Highlight hinzuzufügen, geben Sie in das Feld *alter Bruttopreis* bzw. bei Nettopreisen in das Feld *alter Nettopreis* den regulären Preis ein. Dieser wird dann unter dem Highlight-Preis angezeigt.

> **ACHTUNG**
> wenn der Highlight-Zeitraum vorbei ist, wird beim Artikel wieder der reguläre Preis angezeigt und darunter der gleiche Preis als "alter Preis". Sie sollten spätestens dann den alten Preis wieder aus den Artikeldaten löschen.

■ Empfehlungen für die Praxis

Richtig perfekt für die meisten Zwecke sind weder die Highlights noch die Aktionen. Die Aktionen können zwar schön gebündelt abgerufen werden, eine Dauer der Aktion kann jedoch nicht hinterlegt werden.

Bei den Highlights werden die Artikel zwar in der Listendarstellung entsprechend hervorgehoben, dafür kann der Nutzer nicht alle so gekennzeichneten Artikel einblenden lassen.

> Es bietet sich daher an, die Artikelaktionen mit den Highlights zu kombinieren, um ein optimales Ergebnis zu erzielen. Den Artikeln, die Sie als Highlight markieren, weisen Sie auch eine passende Artikelaktion zu.

Kundengruppen und Rabattstaffeln

Randshop ermöglicht die Verwendung von Kundengruppen. Vordefiniert sind schon Endkunden und Geschäftskunden. Als Standard bekommen alle Kunden automatisch den Status "Endkunde". Sie können das jedoch ändern, was sinnvoll ist, wenn sich Ihr Shop nur an Geschäftskunden richtet.

1. Klicken Sie dazu im Admin-Bereich auf das Register KUNDEN und in der linken Navigation auf KUNDENGRUPPEN.
2. In der Übersicht klicken Sie auf das Symbol BEARBEITEN der Kundengruppe, die Sie als Standard festlegen möchten.
3. Aktivieren Sie nun das Kontrollkästchen STANDARDKUNDENGRUPPE.
4. Klicken Sie auf SPEICHERN.

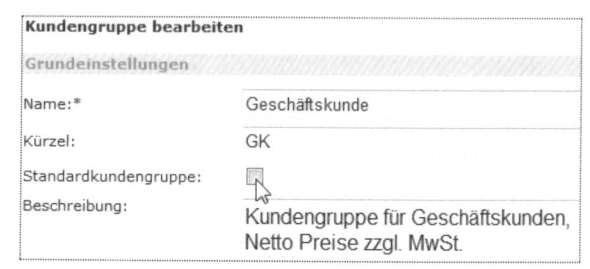

> Wenn Sie sowohl an Geschäftskunden, wie auch an Endkunden verkaufen möchten, können Sie über die Kundengruppe einen Mindestbestellwert für Geschäftskunden festlegen oder die Zahlungsarten eingrenzen, indem Sie die Zahlungsarten in den Kundengruppendaten auswählen. Normalerweise sind alle Zahlungsarten allen Kundengruppen zugeordnet.

■ Rabattstaffeln festlegen zu zuordnen

Außerdem können Sie für einzelne Kundengruppen Rabattstaffeln definieren; das heißt dann, dem Kunden der entsprechenden Kundengruppe wird ein prozentualer oder fester Rabatt eingeräumt. Dazu müssen Sie aber vorab Rabattstaffeln anlegen.

1. Klicken Sie dazu im Admin-Kundenbereich auf RABATTSTAFFELN.
2. Klicken Sie auf RABATTSTAFFEL HINZUFÜGEN.
3. Geben Sie einen Namen für den Rabatt ein, beispielsweise `Großabnehmer prozentual`.
4. Geben Sie im Feld *Beschreibung* einen Beschreibungstext ein, der die Rabattstaffel erläutert.

5. Klicken Sie auf SPEICHERN.
6. Jetzt legen Sie die Rabattstaffelung fest. Geben Sie den ersten Gesamtbetrag im Feld *Ab Gesamtbetrag (Brutto)* an, ab dem ein prozentualer Rabatt eingeräumt werden soll.
7. Tragen Sie den prozentualen Rabatt in das Feld darunter ein und klicken Sie auf RABATT HINZUFÜGEN. Ergänzen Sie gegebenenfalls weitere Rabatte.
8. Klicken Sie auf SPEICHERN, um die Rabattstaffel zu speichern.

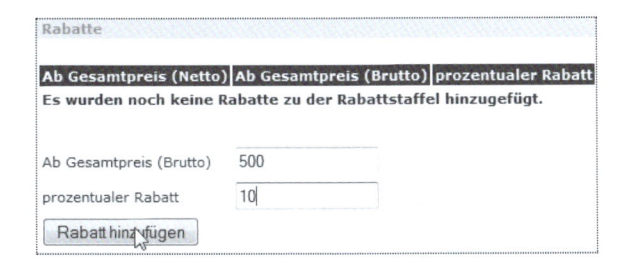

9. Nun können Sie den definierten Rabatt einer Kundengruppe zuweisen. Klicken Sie dazu wieder auf KUNDENGRUPPEN und öffnen Sie die gewünschte Kundengruppe zum Bearbeiten.
10. Wählen Sie aus dem Listenfeld *Rabattstaffel* die erstellte Rabattstaffel aus, um sie der Kundengruppe zuzuweisen.

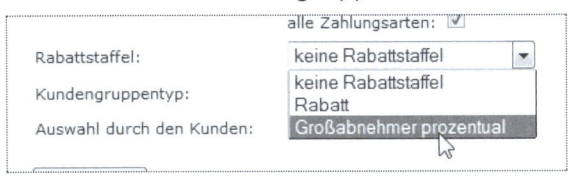

Wenn Sie einer Kundengruppe eine Rabattstaffel zuweisen, wird die nur dann angewendet, wenn der Kunde sich vor oder während des Kaufs registriert. Wenn Sie ihm nicht die Möglichkeit geben, den Kundengruppentyp selbst auszuwählen, indem Sie das Kontrollkästchen AUSWAHL DURCH DEN KUNDEN aktivieren, bekommt der frisch angemeldete Kunde die Standardkundengruppe zugewiesen, in der Regel *Endkunde*. Unter Umständen müssen Sie dem Kunden dann manuell die korrekte Kundengruppe zuweisen.

■ Ausnahmen für Standardkundengruppe definieren

Damit Sie nicht jedem Geschäftskunden die Kundengruppe manuell zuweisen müssen, können Sie Ausnahmen definieren. Darüber können Sie anhand der EG-UmSt.-ID steuern, dass der Kunde nicht als Endkunde sondern als Geschäftskunde eingestuft wird.

1. Klicken Sie dazu in der linken Navigation auf AUSNAHMEN.
2. Klicken Sie auf NEUE AUSNAHME HINZUFÜGEN.
3. Wählen Sie für Rechnungs- und Lieferland eine Ländergruppe aus, für die die Ausnahme gelten soll.
4. Aktivieren Sie das Kontrollkästchen UST-ID VORHANDEN.
5. Wählen Sie als Kundengruppe die gewünschte Kundengruppe, etwa *Geschäftskunde* aus.
6. Klicken Sie auf SPEICHERN.

Auf diese Weise bekommen Kunden, die bei der Bestellung oder Registrierung Ihre EG-Ust.-ID angeben, automatisch die Kundengruppe "Geschäftskunde" zugewiesen.

■ Unterschiedliche Preise für verschiedene Kundengruppen

Wenn Sie schon mit Kundengruppen arbeiten, ist es sinnvoll, wenn Sie auch für die Artikel unterschiedliche Preise für verschiedene Kundengruppen festlegen könnten.

Das geht leider nicht, zumindest nicht so ohne weiteres, denn Sie können für einen Artikel nur einen Preis festlegen. Allerdings haben Sie die Möglichkeit zu bestimmen, ob ein Artikel für alle oder nur bestimmte Kundengruppen angezeigt werden soll. Sie können also einen Artikel duplizieren, einen der Kundengruppe angepassten Preis festlegen und im Feld *Anzeige nur für Kundengruppe* auswählen, dass er nur für diese Kundengruppe sichtbar sein soll.

> Bedenken Sie aber, dass Sie dann die andere Kopie des Artikels so einstellen müssen, dass sie für diese Kundengruppe nicht angezeigt wird. Sonst würde der Artikel zweimal mit unterschiedlichen Preisen angezeigt werden.

Faktura-Modul

Was der kostenlosen Shop-Version fehlt, ist eine Auftragsverwaltung. Zwar können Sie über das Register FAKTURA die Bestellungen anzeigen lassen und bearbeiten, die Bearbeitung beschränkt sich aber im Prinzip darauf, dass Sie eine Bestellung als "bezahlt" markieren können. Dazu klicken

Sie auf den Link BESTELLUNG BEARBEITEN und anschließend auf BESTELLUNG BEZAHLT.

Die bezahlten und unbezahlten Bestellungen können Sie dann links in der Navigation über die entsprechenden Links aufrufen, um so den Überblick zu behalten.

Möchten Sie aus der Bestellung eine Rechnung erzeugen oder weitergehende Bearbeitungen vornehmen, benötigten Sie eine richtige Fakturierung. Die kann natürlich extern sein. Sie können die Daten aus dem Shop beispielsweise in eine lokal installierte Fakturierung importieren, oder die Daten in einer völlig unabhängigen Fakturierung komplett neu eingeben, müssen dann natürlich auch dort immer Kunden- und Artikeldaten pflegen. Das ist daher die deutlich schlechteste Methode.

Ein Import der Daten aus der Shop-Datenbank klappt eigentlich recht gut, weil Randshop eine sehr einfach aufgebaute Datenbank hat.

> Ich selbst habe mir für meinen Shop eine Fakturierung für Microsoft Access programmiert die auf Knopfdruck, Bestell-, Artikel- und Kundendaten aus der Shop-Datenbank importiert. Dort können dann die Aufträge weiterverarbeitet werden. Diese kann selbstverständlich auch käuflich erworben werden.

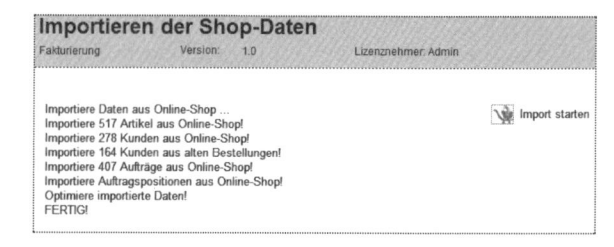

Alternativ gibt es von Randshop auch ein Fakturamodul.

> Auf dieses sind Sie zwingend angewiesen, wenn Sie Download-Artikel verkaufen. Das Download-Modul reicht dazu alleine nicht aus.

Mit installiertem Fakturamodul haben Sie alle Möglichkeiten für die Auftragsbearbeitung. So können Sie beispielsweise Aufträge nicht nur löschen, sondern in Rechnungen und Gutschriften umwandeln oder auch stornieren.

Das Fakturamodul kostet in der aktuellen Version 100 EUR und ist dann ganz einfach zu installieren. Sie kopieren die heruntergeladenen Dateien nur per FTP in das Stammverzeichnis Ihres Shops.

> Generell gilt für alle Module von Randshop, dass sie immer nur für eine Shop-Domain lizenziert sind. Betreiben Sie mehrere Shops benötigen Sie also auch mehrere Lizenzen, wenn Sie in jedem Shop das Modul einsetzen möchten.

Das Downloadmodul

Verkaufen Sie virtuelle Waren, das heißt E-Books, Software, Bilder oder Filme, die der Kunde direkt herunterladen kann, benötigen Sie das Download- und das Fakturamodul.

> Für den Download reicht das Downloadmodul. Aber ohne die Fakturierung, müssten Sie manuell nach Zahlungseingang (auch bei Paypal-Zahlungen) den Download-Link versenden. Für eine vollautomatische Abwicklung sorgt das Fakturamodul.

Die Kosten für das Downloadmodul belaufen sich ebenfalls auf 100 EUR.

Randshop verfügt über weitere interessante Module, beispielsweise das eBay-Modul, mit dessen Hilfe Sie Ihre Artikel auch bei eBay einstellen können oder das Facebook-Modul, mit dem sich Ihr Shop auch auf einer Facebook-Seite in einem eigenen Tabreiter anzeigen lässt. Mehr dazu folgt im nächsten Kapitel.

Kostenloses Marketing im Web

Neben der Suchmaschinenoptimierung ist aktives Marketing ein wichtiges Mittel, um Ihren Shop bekannt zu machen. Viel Geld müssen Sie dazu zunächst nicht in die Hand nehmen. Die wichtigsten Marketing-Tipps sind in die Tat kostenlos umzusetzen. Etwas Arbeitszeit und Mühe ist aber erforderlich.

Werbung in E-Mail-Signaturen

Im Durchschnitt verschickt heute jeder der im Internet unterwegs ist 10 bis 20 Mails täglich. Webworker also Menschen die ihren Lebensunterhalt mit und im Internet verdienen, noch deutlich mehr. Shop-Betreiber gehören dazu.

E-Mails sind daher ein wichtiges Kommunikationsinstrument und Werbeträger. Denn was spricht dagegen, in der eigenen E-Mail-Signatur auch die Shop-Adresse unterzubringen?

> Wo wir gerade bei E-Mail-Signaturen sind: Für gewerblich Tätige gilt, dass ihre E-Mails ebenfalls ein Impressum aufweisen müssen. Schon alleine das ist ein Grund in Ihrem E-Mail-Programm eine Signatur anzulegen.

Nachfolgend soll anhand von Microsoft Outlook 2010 gezeigt werden, wie Sie eine E-Mail-Signatur einrichten.

1. Starten Sie Outlook 2010 und erzeugen Sie eine neue, leere E-Mail.
2. Klicken Sie im Menüband auf SIGNATUREN und wählen Sie am Ende der Liste noch einmal SIGNATUREN aus. 
3. Klicken Sie auf NEU, um eine neue Signatur zu erstellen oder auf eine vorhandene Signatur, um diese zu bearbeiten.
4. Geben Sie nun Ihre Impressumsdaten, also Ihre Anschrift, Telefonnummer, und die weiteren Pflichtangaben ein. (Vgl. S. 11)
5. Fügen Sie darunter eine kurze Beschreibung Ihres Shops mit der URL ein. Markieren Sie anschließend die Beschreibung oder die URL um sie jetzt mit einem Hyperlinks zu hinterlegen.
6. Klicken Sie auf das Symbol HYPERLINK rechts in der Symbolleiste des Editors. 
7. Geben Sie in das URL-Feld die korrekte URL Ihres Shops ein. Schließen Sie den Dialog mit OK.
8. Klicken Sie auf SPEICHERN, um die Signatur zu speichern.
9. Wählen Sie nun das E-Mail-Konto aus, für das Sie die Signatur verwenden möchten.
10. Stellen Sie im Feld *Neue Nachrichten* die erstellte Signatur aus, damit diese automatisch an neue Nachrichten angehängt werden.

> Es ist wichtig, nicht ausschließlich den Hyperlink zu definieren, sondern zusätzlich die URL im Klartext einzufügen, weil Hyperlinks nicht auf allen Zielsystem dargestellt werden und bei Text-E-Mails auch verloren gehen.

Wenn Sie viel in thematisch zu Ihrem Shop passenden Foren unterwegs sind, lohnt es sich auch in der Forensignatur die URL zum Shop zu nennen, sofern dies nicht gegen die Forenregeln verstößt.

Soziale Netzwerke nutzen

Wenn Sie kostenloses Marketing betreiben möchten, kommen Sie um die sozialen Netzwerke nicht herum. Auch wenn Sie sich bisher von Facebook und Co. ferngehalten haben, für Shop-Marketing benötigen Sie es.

Von allen aktuellen sozialen Netzwerken erreichen Sie auf Facebook in sehr kurzer Zeit die meisten Nutzer, wenn Sie Ihre Aktivitäten dort effizient aufziehen. Allerdings sollten Sie ein paar grundlegende Regeln beachten.

- Auch in sozialen Netzwerken gilt die Impressumspflicht, wenn Sie sie nicht für rein private Zwecke nutzen. Das tun Sie nicht, wenn Sie dort Werbung für Ihren Shop machen.
- Bleiben Sie glaubwürdig, höflich und ehrlich. Denn auch Unehrlichkeit oder eine schlechte Behandlung von Kunden macht in den sozialen Netzwerken schnell die Runde und kann auch zu einem Shitstorm werden.

> Als *Shitstorm* wird ein Ansturm negativer Äußerungen der Nutzer auf die Präsenzen in sozialen Netzwerken sowie der Website gemeint, die in kurzer Zeit dort eintreffen.

- Missbrauchen Sie keine persönlichen Profile von Facebook oder Google+ für Ihre Marketingzwecke. Beide Plattformen sehen dafür *Seiten* als das passende Instrument vor. Und nur dieses sollten Sie für solche Zwecke auch nutzen.

> Gerade für Facebook ist das wichtig, weil Sie in persönlichen Profilen kein Impressum unterbringen können.

Werbung auf Facebook

Der Einstieg in die sozialen Netzwerke lohnt am ehesten auf Facebook, wenn Sie Ihren Shop auf dem deutschsprachigen Markt bewerben möchten. In den USA ist Twitter weit beliebter als in Deutschland, und dort gibt es auch weitere soziale Netzwerke, die für den Einstieg lohnen würden. Aber schon bei und vor der Anmeldung gibt es einiges zu beachten, denn gerade in Deutschland und in der EU sollten Sie Datenschutzregelungen und Anbieterkennzeichnung sehr ernst nehmen, genau wie Urheberrechte. All das sind rechtliche Bereiche, die sie gerade auch bei Facebook beachten müssen.

■ Bei Facebook anmelden

Schon bei der Anmeldung sollten Sie sich Gedanken darüber machen, was für ein Konto Sie erstellen möchten, denn es gibt verschiedene Konten.

> Haben Sie bereits einen Facebook-Account stellt sich diese Frage nicht mehr. Allerdings sollten Sie dennoch weiterlesen, denn Fehler, die Sie bei der ursprünglichen Anmeldung gemacht haben, können Sie auch jetzt noch beheben und korrigieren.

Wer sich erstmalig bei Facebook anmeldet, dem werden allein durch die Fülle an Neuem, die Feinheiten bei der Registrierung kaum auffallen. Dennoch sollte hier jeder besonders Obacht geben, denn wer die falsche Kontoart wählt, verstößt schon bei der Anmeldung gegen die Nutzungsbedingungen von Facebook, was im schlimmsten Fall zur Sperrung des Accounts führen kann.

Facebook unterscheidet generell zwischen Facebook-Seiten und Facebook-Accounts bzw. Konten. Für die Verwaltung von Seiten benötigen Sie zwingend einen Facebook-Account. Seiten können aber von mehreren Facebook-Accounts aus gleichzeitig verwaltet werden. Dazu müssen Sie lediglich einen anderen Facebook-Account als *Verwalter* festlegen. Alle Seiten, die ein Facebook-Account verwaltet, werden links in der Navigationsleiste des Kontos angezeigt.

Ein Facebook-Account kann nahezu beliebig viele Seiten verwalten.

Welche Möglichkeiten Sie auf den Seiten des Accounts haben, hängt wiederum davon ab, mit welchem Kontotyp Sie die Seite erstellen und verwalten.

> Facebook kennt zwei Kontotypen, das persönliche Konto sowie das Unternehmenskonto. Bei dem persönlichen Konto handelt es sich generell um ein Konto für eine natürliche Person.

Jede Person darf nach den Nutzungsbedingungen nur ein persönliches Konto haben.

Beim Unternehmenskonto handelt es sich um ein eingeschränktes Konto, das lediglich zur Verwaltung von Seiten dient:

- Es gibt kein Profil/Chronik
- mit der Folge, dass auch keine Freunde gewonnen werden können
- und es gibt Einschränkungen bei der Nutzung von Seiten, die mit diesem Konto erstellt werden.

Seiten, die mit einem Unternehmenskonto erstellt und verwaltet werden, verfügen nicht über die Funktion *Freunde einladen*, denn es gibt ja kein verwaltendes Profil das *Freunde* haben kann. Darüber hinaus wird eine solche Seite nicht in der Facebook-Suche angezeigt. Das ist natürlich fatal, denn ohne Freunde einzuladen und ohne Suche, ist die Wahrscheinlichkeit, dass die Seite gefunden wird, gleich Null.

> Offenbar setzt Facebook hier darauf, dass Unternehmen für den Erfolg ihrer Seite dann auch kostenpflichtige Werbung schalten. Das ist auch fast die einzige Möglichkeit die Seite bekannt zu machen.

Außerdem können auf solchen Seiten lediglich die von Facebook angebotenen Anwendungen verwendet werden, keine benutzerdefinierten und externen Apps, was vor allem für Impressums-Apps nicht nur schade, sondern auch äußerst problematisch ist.

> Bis vor kurzem waren Impressums-Apps, also externe Anwendungen die das Impressum einer Website innerhalb der Facebook-Seite als Tabreiter anzeigten, die einzige Möglichkeit der Impressumspflicht nachzukommen. Mittlerweile gibt es allerdings Alternativen. Dennoch sind benutzerdefinierte Apps ein sinnvolles Marketinginstrument, auf das Sie nicht verzichten sollten.

Was für ein Konto sollten Sie also erstellen und warum gibt es überhaupt zwei Kontotypen?

Zwei Kontotypen gibt es sicherlich aus zwei Gründen:

- Unternehmen und Fanseiten, Vereine etc., verfügen nicht über ein Geburtsdatum, das bei der Registrierung für ein persönliches Konto angegeben werden muss.
- Die Nutzungsbedingungen verbieten die "gewerbliche/geschäftliche" Nutzung von "privaten" Seiten und Accounts.

Ein persönlicher Account ist in der Regel immer privat und jede natürliche Person darf nur ein persönliches Konto einrichten. Das heißt also, Sie dürfen nicht ein persönliches Konto für private Zwecke und ein zweites für Ihren Verein oder ihr Unternehmen einrichten.

Allerdings heißt das nicht, dass Sie zwingend ein Unternehmenskonto erstellen müssen und dessen Nachteile in Kauf nehmen müssen.

> Die Nutzungsbedingungen verbieten nämlich nicht, mit einem persönlichen Konto auch gewerbliche und geschäftliche Seiten oder Seiten von Vereinen und Organisationen *zu verwalten*.

Sie müssen dann beim Erstellen der Seite nur darauf achten, dass Sie den richtigen Zweck für die Seite auswählen.

Unternehmenskonten sind dann zu empfehlen, wenn das Konto beispielsweise von verschiedenen Mitarbeitern verwaltet und genutzt werden soll, um die Unternehmensseite zu verwalten, ohne dass das Konto einer bestimmten Person zuzuordnen sein soll.

> Die Alternative wäre, dass jeder Mitarbeiter, der die Unternehmens-Facebook-Seite verwalten soll, sich ein eigenes persönliches Konto anschafft.

Allerdings hat das den Nachteil, dass die Konten dann beim Posten an die Unternehmensseite doch in Erscheinung treten, wenn die Mitarbeiter nicht aufpassen, und Sie müssen dann die Konten aller Mitarbeiter, die die Seite verwalten sollen, auch als Manager der Seite eintragen.

> Wenn die Mitarbeiter ihre persönlichen Konten dann fast ausschließlich zur Verwaltung der Unternehmenswebsite nutzen, wären diese Profile übrigens auch impressumspflichtig und die Mitarbeiter könnten sich auch der unerlaubten "Schleichwerbung" schuldig machen. Das kann unangenehme Folgen für die Mitarbeiter und Ihr Unternehmen haben.

Die Probleme mit der Schleichwerbung haben Sie auch dann, wenn Sie nur ganz alleine Ihre Facebook-Seite mit Ihrem persönlichen Konto verwalten.

> Sie können das Risiko dann jedoch ziemlich klein halten, indem Sie wirklich ein Impressum einfügen und die Seite und das Profil so gestalten, dass andere Nutzer erkennen können, dass beides zusammengehört. Dazu könnten Sie beispielsweise Ihren Namen, den Sie auch im persönlichen Profil nutzen, auch dem Titel Ihrer Seite voranstellen oder an den Seitennamen anhängen.

Gerade, wenn Sie ein Ein-Mann-Unternehmen sind, sollten Sie ein persönliches Konto einrichten und kein Geschäftskonto.

Welches Konto Sie einrichten, können Sie bei Facebook mit einem recht unscheinbaren Link auf der Registrierungsseite (www.facebook.de) wählen. Unterhalb der grünen Schaltfläche REGISTRIEREN ist ein Link ERSTELLE EINE SEITE über den Sie ein Unternehmenskonto mit Unternehmensseite erstellen können.

Erstelle eine Seite für eine Berühmtheit, eine Band oder ein Unternehmen.

Wenn Sie bereits ein persönliches Konto bei Facebook haben und die Anmeldung daher gar nicht mehr durchführen müssen, können Sie jederzeit über den Seitenassistenten eine Unternehmensseite zu Ihrem persönlichen Konto einrichten. Gerade, wenn Sie jedoch als Einzelunternehmer ohne Mitarbeiter arbeiten, sollten Sie aber ohnehin zunächst ein persönliches Profil einrichten (falls nicht schon vorhanden) und den oberen Teil des Anmeldeformulars ausfüllen.

- Speichern Sie die Einstellungen mit klicken auf SPEICHERN.
- Melden Sie sich jetzt mit dem persönlichen Konto an Facebook an. Prüfen Sie, ob Sie Zugriff auf den Administrationsbereich der Seite haben. Falls ja, können Sie nun das Unternehmenskonto löschen oder deaktivieren.

> Der Unterschied zwischen löschen und deaktivieren besteht darin, dass Sie ein deaktiviertes Konto jederzeit reaktivieren können. Es wird nur nicht mehr in der Suche angezeigt und für Ihre bisherigen "Freunde" verborgen. Allerdings können Unternehmenskonten ja ohnehin keine "Freunde" haben und eine Chronik gibt es auch nicht. Insofern gibt es keinen großen Unterschied zwischen einem deaktivierten Unternehmenskonto und einem aktivierten.

■ Kontotyp nachträglich ändern

Haben Sie bei der Registrierung einen Fehler bei der Wahl des Kontentyps gemacht, können Sie das zwar korrigieren, aber nur über einen kleinen Umweg. Fast immer ist es sinnvoll aus einer Unternehmensseite eines Unternehmenskontos eine Unternehmensseite eines persönlichen Kontos zu machen, damit die Seite in den Suchergebnissen auftaucht und Sie Freunde einladen können. In diesem Fall gehen Sie wie folgt vor:

- Wenn Sie noch kein persönliches Konto haben, legen Sie eines an.
- Melden Sie sich mit dem Unternehmenskonto an, dem die Seite zugeordnet ist und rufen Sie die Seite auf.
- Im Administrationsbereich klicken Sie auf EINSTELLUNGEN und wählen ROLLEN FÜR DIE SEITE aus.

- Geben Sie nun in das leere Eingabefeld den Facebook-Nutzernamen oder die E-Mail-Adresse des persönlichen Kontos an.
- Als Rolle wählen Sie ADMINISTRATOR aus, denn das Konto soll ja vollen Zugriff auf die Seite haben.

■ Konto deaktivieren

Um ein Konto zu deaktivieren, klicken Sie rechts oben in der blauen Leiste auf den kleinen Pfeil und wählen EINSTELLUNGEN aus dem Popup-Menü aus.

Klicken Sie links in der Navigationsleiste den Link SICHERHEIT an. Ganz unten, unterhalb der Sicherheitseinstellungen finden Sie den Link DEAKTIVIERE DEIN KONTO.

> Nachfolgend wird davon ausgegangen, dass Sie ein persönliches Konto zum Verwalten einer Unternehmenswebsite nutzen. Denn das bringt wie bereits beschrieben eine Menge Vorteile mit sich.

■ Freunde sammeln

Basis jeder Marketingaktion ist, dass Ihre Facebook-Seite viele Abonnenten und Fans hat, denn nur diesen (und eventuell deren Freunden) werden Ihre Beiträge angezeigt.

Wie bekommt Ihre Seite aber Fans, ohne dass Sie kostenpflichtige Werbung auf Facebook schalten müssen? Ganz einfach. Sie sammeln mit Ihrem persönlichen Konto möglichst viele Facebook-Freunde und laden diese ein, Ihre Seite mit GEFÄLLT MIR zu markieren.

> Auch wenn Ihre "Facebook"-Freunde keine echten Freunde sind, sondern zum großen Teil aus Bekanntschaften des realen Lebens oder aus Facebook-Freunden Ihrer echten Freunde bestehen, ist eine Einladung, eine Seite mit GEFÄLLT MIR zu markieren, oftmals sehr erfolgreich. Es reicht völlig aus, wenn nur 1/3 der eingeladenen GEFÄLLT MIR drückt. Denn damit vervielfachen Sie schon die Reichweite Ihrer Nachrichten und Sie können immer, wenn Sie wieder ein paar neue Facebook-Freunde gewonnen haben, an diese neuen eine erneute Einladung verschicken.

Nach einer Anmeldung bei Facebook kommen gerade in der ersten Zeit viele Freundschaftsanfragen von echten Freunden und Bekannten rein, die schon auf Facebook sind. Diese müssen Sie nur beantworten. Facebook schlägt Ihnen dann auch regelmäßig deren "Freunde" vor. Finden Sie darin Leute, die Sie zumindest kennen und für Ihre Zwecke für relevant halten, können Sie diesen ganz einfach eine Freundschaftsanfrage schicken, indem Sie auf den Button FREUNDIN HINZUFÜGEN klicken. Meist wird es nach ein paar Wochen ruhiger, dann wird es schwerer, neue Freunde zu gewinnen. Aber für Marketingzwecke müssen es ja keine Menschen sein, die Sie wirklich kennen. Es reicht, wenn sie die passenden Interessen haben, die notwendig sind, sich für die Artikel in Ihrem Shop zu interessieren.

Solche Leute finden Sie auf Facebook, indem Sie Mitglied in einschlägigen Gruppen werden. Wenn Sie Hundezubehör verkaufen, suchen Sie bei Facebook einfach nach Gruppen zum Thema "Hund", für Naturschutzprodukte nach Naturschutzgruppen. Es gibt massenhaft öffentliche Gruppen in Facebook zu allen möglichen Themen und Hobbies, denen Sie ohne weiteres beitreten können. Beteiligen Sie sich dort an Diskussionen und schicken Sie Nutzern, die Ihre Beiträge positiv kommentieren oder mit "gefällt mir" markieren, einfach Freundschaftsanfragen.

Wenn Sie ein paar Freunde auf Facebook gesammelt haben, lohnt es sich eine eigene Facebook-Seite einzurichten.

> Spätestens jetzt sollten Sie auch Ihr persönliches Profil mit einem Impressum versehen. Die einfachste Möglichkeit dazu ist, unterhalb Ihres Namens auf PROFIL BEARBEITEN zu klicken und die Impressumsinformationen oder einen Link auf das Impressum Ihres Shops im "Info"-Bereich Ihres Profils zu hinterlegen.

Diese Möglichkeit, das Impressum zu hinterlegen, ist allerdings nicht ganz gesetzeskonform, aber fast die einzige Möglichkeit für ein Profil. Das Problem ist nämlich, dass die Aufschrift *Info* nicht ausreichend als Beschriftung für die Impressumsinformationen ist. Bei Profilen haben Sie sonst nur noch die Möglichkeit das Impressum als *Notiz* zu hinterlegen. Aber auch das alleine ist nicht ausreichend, weil die Notizen nach dem Layout-Update von Mai 2014 nicht auf den ersten Blick im Sichtfeld sind.

■ Seite einrichten und Freunde einladen

Bevor Sie eine Seite zu Ihrem Shop einrichten, sollten Sie unter Umständen überlegen, ob das notwendig ist. Haben Sie bereits eine Facebook-Seite für andere Zwecke eingerichtet und diese passt thematisch zu den Produkten im Shop, sollten Sie besser diese Seite nutzen, statt mit einer neuen von vorne anzufangen. Jeder einzelne Fan einer Seite ist nützlich und Sie sollten nicht auf ihn verzichten.

> Gleiches gilt, wenn Sie mehrere Shops betreiben. Überlegen Sie, ob sich die Zielgruppe überschneidet. Falls ja, nutzen Sie besser eine Facebook-Seite als mehrere.

Kontraproduktiv ist die Nutzung einer Facebook-Seite für mehrere Shops oder für mehrere berufliche Tätigkeitsfelder dann, wenn die Zielgruppen zu stark differieren. Wenn Sie einerseits einen Online-Shop mit Hundezubehör betreiben, aber sich beruflich mit Programmierung und anderem sehr technischem Kram beschäftigen, ist es nicht sinnvoll dafür eine einzige Facebook-Seite zu nutzen. Die eher technisch interessierten potentiellen Auftraggeber möchten nicht ständig mit Hundezubehör konfrontiert werden. Wenn sie zu häufig Posts lesen müssen, die sie nicht interessieren, werden sie auf Dauer das *Gefällt mir* für Ihre Seite zurücknehmen.

Um eine Seite einzurichten, gehen Sie folgendermaßen vor:

1. Zeigen Sie mit der Maus in der linken Navigationsleiste auf SEITEN und klicken Sie dann auf den Link MEHR.

2. Klicken Sie nun auf SEITE ERSTELLEN.
3. Wählen Sie nun den Unternehmenstyp aus.

Im Prinzip kommen für einen Online-Shop alle drei Kategorien in der oberen Reihe in Frage:

- Lokales Unternehmen oder Ort
- Unternehmen, Organisation oder Institution
- Marke oder Produkt

Letzteres sollten Sie wählen, wenn Sie in Ihrem Shop vorrangig Produkte einer Marke oder ein sehr eng gefasstes Sortiment vertreiben und die Marke bereits eingetragen ist, oder zunächst mal als Marke am Markt etabliert werden soll.

Lokales Unternehmen oder Ort empfiehlt sich, wenn Sie neben dem Online-Shop auch ein lokales Geschäft betreiben und beispielsweise Öffnungszeit etc. hinterlegen möchten.

4. Klicken Sie den gewünschten Seitentyp einfach an, wählen Sie die Kategorie aus und tragen Sie die gewünschten Daten ein. Welche das sind, hängt vom gewählten Seitentyp ab.

Kostenloses Marketing im Web

Jetzt startet der Seitenassistent. Im ersten Schritt geben Sie die Beschreibung zur Seite ein und können auch die URL Ihres Shops als Website hinterlegen.

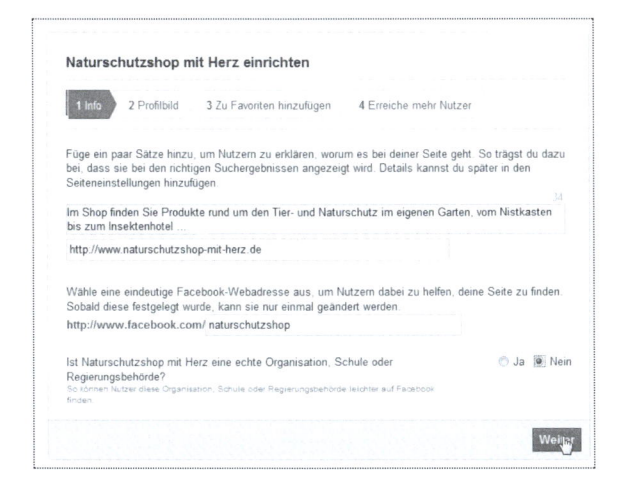

5. Klicken Sie anschließend auf WEITER.
6. Laden Sie nun das Profilbild hoch, beispielsweise das Logo, das Sie auch im Shop verwenden, indem Sie auf VOM COMPUTER HOCHLADEN klicken. Nach dem Upload klicken Sie auf WEITER.
7. Facebook schlägt vor, die Seite zu Ihren Favoriten hinzuzufügen. Bestätigen Sie das einfach mit ZU FAVORITEN HINZUFÜGEN und klicken Sie dann auf WEITER.
8. Im letzten Schritt werden Sie aufgefordert eine natürlich kostenpflichtige Anzeige zu schalten. Klicken Sie auf ÜBERSPRINGEN, um das zu vermeiden.

Damit ist die Seite erstellt, aber noch nicht online.

Facebook zeigt Ihnen nun noch ein paar Hinweise an, die die Grundfunktionen von Seiten erläutern. Lesen Sie diese einfach durch und schließen Sie sie.

> Es kann nun sein, dass Ihnen Facebook entgegen Ihrer Auswahl als Kategorie *Gemeinschaft* zugewiesen hat. Falls das so ist, sollten Sie dies jetzt unbedingt ändern.

Sie sollten nun noch ein paar Informationen, beispielsweise die Impressumsangaben ergänzen. Bei der Gelegenheit können Sie auch die Kategorie ändern, falls die nicht stimmen sollte.

1. Klicken Sie dazu oben auf den Links EINSTELLUNGEN. 
2. Klicken Sie links auf die Rubrik ALLGEMEIN, sollte sie nicht ausgewählt sein.
3. Bei *Sichtbarkeit der Seite* können Sie nun das Kontrollkästchen VERÖFFENTLICHUNG DER SEITE RÜCKGÄNGIG MACHEN aktivieren, falls Sie die Seite erst nach vollständiger Konfiguration freischalten möchten. In diesem Fall müssen Sie danach auf ÄNDERUNGEN SPEICHERN klicken, bevor Sie mit den folgenden Schritten die weiteren Einstellungen vornehmen. 
4. Klicken Sie nun links auf SEITENINFO. In dieser Rubrik können Sie weitere Informationen, wie beispielsweise Ihre Anschrift und das Impressum erfassen.
5. Ihre Adresse tragen Sie ein, indem Sie auf den Link ADRESSE klicken.

6. Füllen Sie die vorgesehenen Felder aus und klicken Sie auf ÄNDERUNGEN SPEICHERN.

> Leider prüft Facebook die eingegebenen Adressen. Womit die abgeglichen werden, ist nicht klar, denn manchmal beanstandet Facebook auch korrekt eingegebene Adressen. Ich schaffe es beispielsweise schon seit Jahren nicht, Facebook von meiner Anschrift zu überzeugen. Da bleibt dann nur, den angemeckerten Adressteil einfach zu entfernen, um den Rest der Adresse speichern zu können.

7. Klicken Sie nun den Link an: GIB EIN IMPRESSUM FÜR DEINE SEITE AN und geben Sie dort einen Link auf das Impressum Ihres Shops an. Klicken Sie anschließend auf ÄNDERUNGEN SPEICHERN.

> Falls Sie ein recht kurzes Impressum haben, können Sie auch die Impressumsangaben direkt in das Feld eingeben. Bei juristischen Personen mit Handelsregisterangabe, Geschäftsführerangabe etc. ist das Feld jedoch zu kurz für ein vollständiges Impressum.

Die Angabe eines Links hat den Vorteil, dass Sie die Impressumsangaben bei einer Änderung nur im Shop warten müssen.

> Allerdings lässt Facebook nicht zu, dass Sie nur die URL angeben. Sie müssen der URL zumindest noch ein Wort wie "Pflichtangaben" etc. voranstellen, sonst können Sie die Änderungen nicht speichern.

Möchten Sie noch die Kategorie der Seite ändern, klicken Sie dazu einfach auf die aktuelle Kategorieangabe und wählen eine neue aus. Wenn Sie möchten, können Sie anschließend noch passende Unterkategorien auswählen.

> Unterkategorien stehen nur abhängig von der gewählten Hauptkategorie zur Verfügung. Sie können Sie unter Umständen also gar nicht festlegen.

Falls Sie eine Unterkategorie festlegen möchten, ist das auch nicht ganz unkompliziert.

1. Klicken Sie in das Feld UNTERKATEGORIE und geben Sie ein Stichwort ein. Falls es sich um einen Kategorienamen handelt, können Sie ihn in einer nun eingeblendeten Liste anklicken.
2. In diesem Fall erscheint außerdem ein Feld mit verwandten Kategorien, die Sie nur noch anklicken müssen.

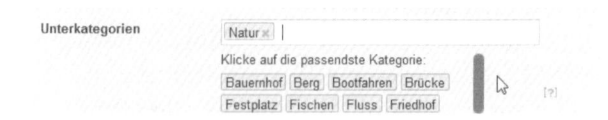

3. Wenn es sich nicht um eine Kategorie handelt, können Sie nur weiterraten und hoffen, dass Sie einen Begriff finden, den Facebook akzeptiert. Das ist nicht ganz einfach.
4. Wenn Sie fertig sind, klicken Sie auf ÄNDERUNGEN SPEICHERN.
5. Sie können jetzt noch weitere Informationen zur Seite unterbringen, wenn Sie möchten. Ansonsten können Sie aber durch Klicken auf SEITE zur Facebook-Seite zurückkehren.
6. Hier haben Sie noch die Möglichkeit, ein Bannerbild hochzuladen, um die Seite zu vervollständigen. Klicken Sie dazu auf den Link TITELBILD HINZUFÜGEN, und wählen Sie FOTO HOCHLADEN aus.

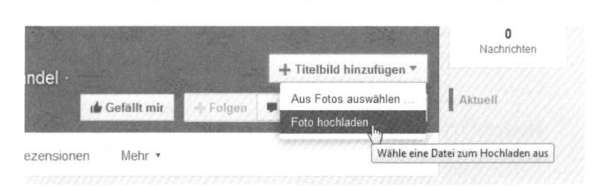

7. Wählen Sie nun das Bild vom Computer aus, und klicken Sie auf ÖFFNEN.

Ist das Bild hochgeladen, können Sie es durch Ziehen mit der Maus im Seitenbanner positionieren, um den gewünschten Ausschnitt zu wählen.

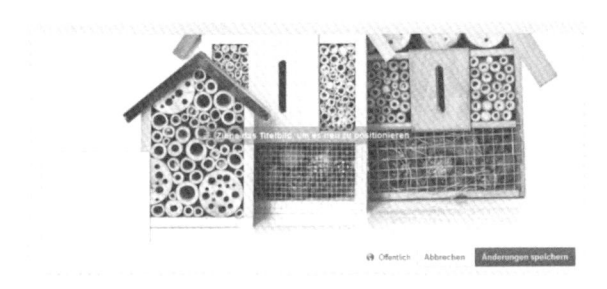

8. Anschließend wählen Sie ÄNDERUNGEN SPEICHERN, um das Bild zu speichern.

Sobald Sie die ersten Beiträge auf Ihrer Seite veröffentlicht haben, sollten Sie Freunde einladen, die Seite mit GEFÄLLT MIR zu markieren. Bei einer noch leeren Seite, werden sich die meisten eher veräppelt vorkommen. Um Ihre Freunde einzuladen, klicken Sie ganz oben links auf der Seite auf den Link ALLE FREUNDE; Sie können dann die Freunde per Mausklick auswählen, denen Sie eine Einladung schicken möchten.

■ Beiträge auf der Seite veröffentlichen

Wenn Sie die Seite fertig eingerichtet haben, fehlt natürlich noch der Inhalt. Was sollten Sie für einen optimalen Werbeeffekt veröffentlichen?

Generell gilt, dass Beiträge mit Bildern mehr Beachtung finden, als solche ohne Bilder. Sie sollten also beispielsweise immer zumindest ein Produktfoto oder anderes Bild als Teil des Beitrags senden.

Generell sind folgende Inhalte denkbar:
- Ankündigungen von Produkten, wenn diese neu im Shop sind oder wieder lieferbar.
- Veröffentlichung von Kundenfotos, auf denen Ihre Produkte zu sehen sind.
- Anlegen von Fotoalben mit Produkten und Produktvarianten.
- Ankündigungen und Beendigungen von Betriebsferien, Änderung (zum Positiven) von Versandbedingungen.
- Fertigstellung von kundenspezifischen Anfertigungen; sie sind immer ein guter Hinweis darauf, dass so etwas möglich ist.

Für Ihre Beiträge ist es wichtig, dass Sie als Sichtbarkeitseinstellung ÖFFENTLICH einstellen, damit Sie eine maximale Sichtbarkeit Ihres Beitrags erreichen. Wenn Sie die Sichtbarkeit auf ÖFFENTLICH eingestellt haben, klicken Sie auf POSTEN, um den Beitrag zu veröffentlichen.

> Fordern Sie die Nutzer bei geeigneten Beiträgen ruhig zum TEILEN des Beitrags auf. Viele Facebook-Nutzer kommen leider nicht von alleine auf diese Idee. Das Teilen Ihrer Beiträge erhöht aber die Reichweite ganz erheblich.

Wichtig beim Posten von Beiträgen ist jedoch, dass Sie die rechtlichen Regelungen beachten. Die wichtigsten lauten:
- Wenn Sie Bilder posten, deren Urheber Sie nicht sind, holen Sie sich die schriftliche Erlaubnis des Urhebers ein und nennen Sie den Urheber des Bildes.

- Sind auf Bildern Personen erkennbar oder erwähnen Sie persönliche Daten im Beitrag, holen Sie ebenfalls vorher die Erlaubnis der Betroffenen ein.
- Vermeiden Sie die Nutzung konkurrierender Markennamen und Warenzeichen
- Geben Sie bei Produktankündigungen immer auch einen Link zum Produkt im Shop an (für Ihre Werbung) und den Preis des Produktes. Ein Fehlen des Preises könnte ein Verstoß gegen die Preisangabeverordnung darstellen.

■ Gruppen nutzen

Sie können die Reichweite Ihrer Beiträge auch steigern, indem Sie sie selbst teilen, beispielsweise in Ihr persönliches Profil oder thematisch passende Gruppen.

In den entsprechenden Gruppen müssen Sie zunächst Mitglied werden. Wenn Sie das sind und einen Ihrer Beiträge teilen möchten, klicken Sie auf den Link TEILEN am Ende des Beitrags und wählen als Ziel IN EINER GRUPPE aus.

Sie können dann in einem Eingabefeld ein Wort aus dem Gruppennamen eingeben, und Facebook schlägt Ihnen die passende Gruppe zur Auswahl vor. Anschließend klicken Sie noch auf FOTO TEILEN oder BEITRAG TEILEN, um den Beitrag in der entsprechenden Gruppe zu posten.

> Lesen Sie aber vorher die Gruppenbeschreibung durch, ob dort kommerzielle Angeboten erlaubt und geduldet sind, oder ob Sie mit einem solchen Beitrag gegen die Richtlinien verstoßen.

■ Facebook-Shop-Modul – sinnvoll oder nicht?

Von Randshop gibt es ein Facebook-Modul, mit dessen Hilfe Sie Ihren Shop in einem Facebook-Tabreiter darstellen können.

Lohnt das?

Aus meiner Sicht eigentlich nicht, denn den gleichen Effekt können Sie auch ohne das Modul erreichen, indem Sie das Design Ihres Shops so gestalten, dass es sich an die Fenstergröße anpasst und in Facebook einen Tabreiter einrichten, der die Startseite des Shops anzeigt.

Denn auch mit dem Facebook-Modul erfolgt die Kaufabwicklung im Shop und nicht in Facebook, und leider lässt sich auch an den Bestellungen nicht erkennen, ob der Besucher über Facebook in den Shop gelangt ist oder nicht.

Google+ und Google-Local Search nutzen

Zusätzlich zu Facebook ist auch eine Google+-Seite für Ihren Shop eine gute Sache. Das gilt speziell für die Suchmaschinenoptimierung.

Wenn ein bei Google angemeldeter Nutzer, der Ihrer Google+-Seite folgt, einen Suchbegriff bei Google eingibt, werden Ihm auch die passenden Beiträge Ihrer Google+-Seite angezeigt und durch das Profilbild der Google+-Seite in den Ergebnissen hervorgehoben. Schon aus Gründen der Suchmaschinenoptimierung ist eine Google+-Seite sehr von Vorteil.

Bei der Kombination passender Suchbegriffe stehen Webseiten mit zugeordneten lokalen Google+-Seiten in den Ergebnissen ganz vorne, unmittelbar nach den bezahlten Einträgen. Erst danach folgen die normalen Suchergebnisse. Das ist vor allem dann der Fall, wenn der Suchende einen Ortsnamen in der Suche verwendet, wie beispielsweise bei der Suche nach `Hundeshop"` und `Kerken`.

In diesem Fall folgen die Google+-Ergebnisse bereits ab der vierten Stelle in den

Suchergebnissen, obwohl die Suchanfrage recht allgemein gehalten ist.

Das liegt daran, dass bei einem Ortsnamen in der Suchanfrage die Suche auch auf Google Places ausgeweitet wird, dem *Branchenverzeichnis* von Google.

Aus den Erfahrungen mit den Suchergebnissen lässt sich folgendes Verhalten von Google ableiten:

- Websites, die mit einer Google+- oder lokalen Google+-Seite verbunden sind, werden in den Suchergebnissen denen ohne Google+-Seite vorgezogen.
- Die Verknüpfung zwischen Google+-Seiten der Google-Places-Suche und der eigenen Website erfolgt über die URL auf der Google+-Seite, denn sie erfolgt auch dann, wenn es sich um eine automatisch erzeugte lokale Google+-Seite handelt, bei der die richtige URL eingetragen ist.

Daher ist jedem anzuraten, der die Position seiner Seite in den Suchergebnissen optimieren möchte, sich eine Google+-Seite mit Google-Places-Eintrag zuzulegen.

■ Google-Places-Einträge verwalten

Viele haben allerdings bereits einen Google-Places-Eintrag und wissen es nur nicht. Das liegt daran, dass Google Daten aus Branchenbüchern, wie den "Gelben Seiten" als Google-Places-Einträge eingepflegt und einer lokalen Google+-Seite zugeordnet hat. Wer dort also verzeichnet ist, wird vermutlich auch einen Google-Places-Eintrag und damit eine lokale Google+-Seite haben. Um den zu finden, sollten Sie einfach nach Ihrem Firmennamen in Ihrem Ort suchen.

Wenn Sie einen solchen Standardeintrag finden, können Sie diesen nach einer Authentifizierung als eigene Google+-Seite verwalten. Dazu klicken Sie rechts unten auf den Link JETZT BESTÄTIGEN.

Sie müssen dann die Unternehmensdaten ausfüllen und bekommen danach per Post eine Postkarte mit einem Pin-Code, den Sie auf der dort angegebenen Seite eingeben müssen. Damit bestätigen Sie, dass Sie Inhaber der Seite sind und können diese zukünftig bearbeiten und verwalten.

Als Unternehmensinhaber können Sie die Standard-Google Places-Einträge selbst verwalten.

Gibt es den Eintrag für Ihr Unternehmen noch nicht, fügen Sie einfach einen neuen Eintrag über die URL www.google.com/local/add hinzu, indem Sie ein neues Unternehmen anlegen.

Gibt es einen Eintrag zu Ihrem Unternehmen schon auf Google+, Sie warten aber noch auf den Pin-Code, um die Seite zukünftig zu verwalten, sollten Sie sich dennoch die Mühe machen, fehlerhafte Daten zu korrigieren; denn bis der Pin-Code da ist, und die Seite dann aktiv ist, können zwei bis drei Wochen vergehen. Insbesondere, wenn dort Ihre Website-Adresse nicht eingetragen ist, ist das wichtig, denn sonst bringt die Seite für die Suchmaschinenoptimierung gar nichts.

Sie finden dazu rechts neben den Informationen zum Unternehmen auf der Registerkarte *Info* einen Link UNTERNEHMENSDATEN BEARBEITEN.

Wenn Sie auf den Link klicken, können Sie die hinterlegten Daten korrigieren.

> Da diese Änderungen aber durch Google geprüft werden, dauert auch das etwas, bis sie online sind. Aber das ist in der Regel deutlich schneller als die Änderungen über die Authentifizierung mittels Pin-Code zu machen.

Gibt es bereits einen Standardeintrag zu Ihrem Unternehmen, enthält dieser aber nicht die URL zu Ihrer Website oder eine falsche URL, sollten Sie dies unbedingt korrigieren, da ansonsten Ihre Website mit dem Google+-Eintrag in den Suchergebnissen verlinkt wird und dann die ganze Aktion natürlich unsinnig ist.

Klicken Sie im Infobereich einfach auf UNTERNEHMENSDATEN BEARBEITEN und geben die URL in das Feld WEBSITE-URL ein.

Dann können Sie in ein entsprechend eingeblendetes Feld die richtige URL angeben.

> Allerdings sollten Sie dabei beachten, dass Google keine URL-Parameter unterstützt. Angezeigt wird außerdem immer nur die URL bis zur Domain-Endung, also beispielsweise bei Eingabe von www.meinedomain.de/pfad-zur-seite wird nur www.meinedomain.de angezeigt.

■ Impressumspflicht auf Google

Natürlich muss auch eine geschäftliche Google+-Seite ein Impressum haben. Hier gilt nichts Anderes als bei Facebook auch. Im Zusammenhang mit den automatisch erzeugten lokalen Google+-Seiten aus Branchenbüchern stellt sich hier allerdings die Frage, ob auch diese Seiten impressumpflichtig sind, denn wer die Seiten ins Internet stellt, spielt für die Impressumspflicht zunächst keine Rolle. Relevant ist nur, dass ein Teledienst angeboten wird und der liegt schon vor, wenn nur Werbung getrieben wird.

Die andere Frage ist, wer im Zweifel die Abmahnung erhält und für die Kosten und Folgen gerade stehen muss? Google, das betreffende Branchenverzeichnis oder der Inhaber des Unternehmens? Wie das rechtlich zu bewerten ist, wird sicherlich die Zukunft zeigen, aber vorsichtshalber ist jedem, der einen Eintrag zu seinem Unternehmen findet, zu raten, diesen zu übernehmen und ein gültiges Impressum anzubringen.

Das ist allerdings nicht wirklich einfach, weil Google dafür anders als Facebook kein Feld in den Unternehmensdaten vorsieht. Sie können auf Google+ eigentlich nur über die Website-URL eine gültiges Impressum verlinken und das auch nur dann, wenn die dort angezeigte URL das Wort *Impressum* enthält. Sie müssten also über Ihren Webhoster beispielsweise eine Subdomain *impressum* erstellen und diese auf Google+ verlinken. Im optimalen Fall sollte die direkt auf das Impressum verlinken. Wenn sie auf die Shop-Startseite verlinkt und diese gut sichtbar im Blickfeld den Impressumslink enthält, wäre das auch noch gerade ausreichend.

> Die Subdomain ist der Teil der URL der zwischen dem eigentlichen Domainnamen und dem "http://" steht. In der Regel "www". Bei der URL http://software.helma-spona.de wäre "software" die Subdomain.

> Weitere Infos zum Thema Impressum auf Google+ finden Sie aber auch hier:
> http://www.helma-spona.de/wp/2013/03/20/rechtssicheres-impressum-in-google-seiten-integrieren/

■ Beiträge auf Google+-Seiten

Auch eine Google+-Seite will natürlich mit Inhalten gefüllt werden. Inhaltlich gilt hier das gleiche wie bei Facebook. Bilder ziehen Blicke und Aufmerksamkeit auf sich. Für die Suche auf Google+ ist es außerdem sinnvoll, unterhalb des Textes sogenannte Hashtags mit wichtigen Suchbegriffen zum Beitrag einzufügen. Das sind einfach Begriffe denen Sie das Zeichen "#" voranstellen; das wird im Slang auf Englisch als *Hashtag* bezeichnet, auf Deutsch als *Gartenzaun*. Sie werden dann rechts oben an der Seite des Beitrags angezeigt und bei der Suche berücksichtigt. Das heißt, sucht jemand nach einem dieser Begriffe auf Google+ stehen Beiträge, die diese als Hashtag enthalten, ganz oben in den Ergebnissen.

Hashtags können Sie aber natürlich auch innerhalb des Beitragstextes verwenden, wenn dies die Lesbarkeit nicht zu stark beeinflusst.

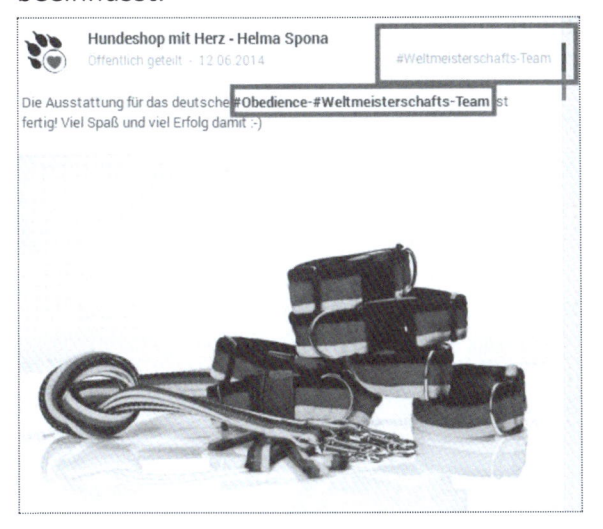

Social-Media-Buttons mit AddThis in den Shop integrieren

Neben Ihren eigenen Aktivitäten in den sozialen Netzwerken sollten Sie auch anderen das Teilen und Verbreiten Ihrer Shop-Inhalte in den sozialen Netzwerken möglichst leicht machen.

> Beachten Sie aber, dass das nur dann sinnvoll ist, wenn Sie von den Urhebern aller Bilder und Logos in Ihrem Shop auch die Erlaubnis haben, diese in sozialen Netzwerken zu nutzen. Dies sollten Sie vorab sicherstellen.

Um das Teilen in sozialen Netzwerken zu erleichtern, können Sie sogenannte Social-Media-Buttons einfügen. Diese können Sie bei verschiedenen Anbietern online generieren lassen und müssen den Code dann nur noch beispielsweise über die Zusatzboxen des Shops in diesen integrieren. Einer der bekanntesten Anbieter von Social Media-Buttons ist *AddThis*. Dort können Sie sich über die Startseite www.AddThis.com und den Link SIGN IN anmelden und – falls Sie noch nicht angemeldet sind – auch registrieren.

> Wenn Sie AddThis-Buttons einsetzen müssen Sie Ihre Datenschutzerklärung für den Shop entsprechend um einen Abschnitt zu AddThis ergänzen.

■ AddThis-Buttons konfigurieren

Haben Sie sich auf AddThis.Com ein Konto angelegt und damit angemeldet, klicken Sie auf der Startseite auf TOOL GALLERY. Hier finden Sie alle Tools, die AddThis anbietet. Die mit *Pro* gekennzeichneten sind kostenpflichtig. Die kostenlosen finden Sie mit *Free* gekennzeichnet darunter.

Am wichtigsten sind die *Teilen*-Buttons, deren Code Sie wie folgt erzeugen.

1. Wählen Sie aus den zur Verfügung gestellten *Sharing*-Tools eine geeignete Version aus, indem Sie auf GET THE CODE klicken. Für den Shop sind *Sharing-Button* oder *Original Sharing Buttons* die optimalen Versionen.

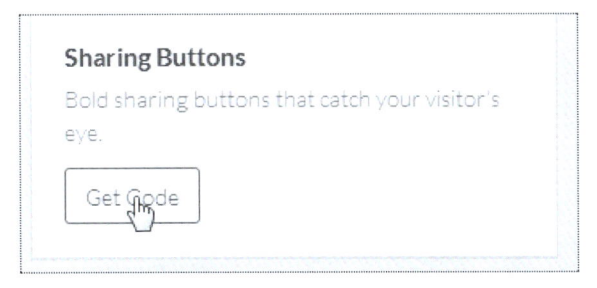

2. Wählen Sie nun zuerst die Größe aus, in der die Buttons angezeigt werden sollen, indem Sie die entsprechende Version anklicken.
3. Wählen Sie dann die Anzahl Buttons aus, die angezeigt werden sollen.

Unterhalb der Auswahl für die Anzahl finden Sie dann zwei Textfelder mit dem einzufügenden Code. Diesen müssen Sie nun noch in den Shop kopieren.

■ Die AddThis-Buttons in den Shop integrieren

Sie haben generell zwei Möglichkeiten die Buttons in den Shop zu integrieren. Sie passen die Templates an oder Sie fügen den Code über die Zusatzboxen ein.

Die Template-Anpassung hat den Nachteil, dass Sie die nach jedem Shop-Update wieder neu machen müssen und Sie müssen schon wissen, was Sie tun. Fehler können dazu führen, dass der ganze Shop nicht mehr funktioniert.

Besser ist es, das über die Zusatzboxen zu machen. Gehen Sie dazu wie folgt vor:

1. Öffnen Sie den Admin-Bereich des Shops und klicken Sie auf START / EINSTELLUNGEN.
2. Klicken Sie links auf ZUSATZBOXEN und dann auf NEUE ZUSATZBOX ANLEGEN.
3. Geben Sie in das Feld *Headline* den *Boxtitel* ein. Aus ihm sollte hervorgehen, dass es sich um Teilen-Buttons handelt.
4. Die Position der Box bestimmen Sie über das Feld *Sortieren*. Damit sie ganz oben angezeigt wird, geben Sie 1 ein.
5. Wählen Sie als Position den Wert RECHTS aus, damit die Box auf der rechten Seite angezeigt wird. Links ist ja die Kategorienavigation, so dass die Box dort eher hinderlich wäre.
6. Klicken Sie nun auf QUELLCODE, um die Quellcode-Ansicht des Editors zu aktivieren.

Wechseln Sie nun wieder in das AddThis-Browser-Fenster. Klicken Sie zunächst auf das untere Code-Fenster, denn über dem eigentlichen Code, müssen Sie das AddThis-Skript einfügen. Durch das Anklicken des Feldes wird der Inhalt markiert.

1. Klicken Sie mit der rechten Maustaste auf die Markierung und wählen Sie KOPIEREN aus dem Kontextmenü aus.

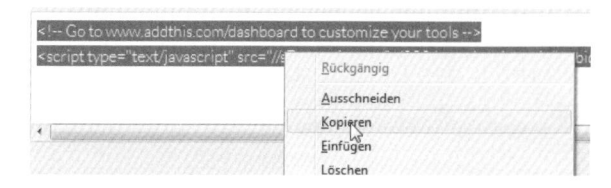

2. Wechseln Sie wieder in das Browserfenster des Shops und setzen Sie den Cursor in das Textfeld.
3. Klicken Sie mit der rechten Maustaste in das Textfeld und wählen Sie EINFÜGEN aus.
4. Wiederholen Sie dies mit dem oberen Textfeld von AddThis und fügen Sie dessen Inhalt am Ende des Editorfensters im Shop ein.
5. Klicken Sie auf SPEICHERN.

6. Aktivieren Sie die Box nun, indem Sie auf OFF in der Übersicht klicken.
7. Wechseln Sie nun wieder in das AddThis-Fenster und klicken Sie dort auf ACTIVATE.

Damit ist das Einfügen der AddThis-Buttons abgeschlossen. Wenn Sie nun eine Seite aufrufen, werden die Buttons rechts oben angezeigt.

Wie Sie sehen ist Online-Marketing nicht schwer, es kostet nicht viel Geld, nur am Anfang etwas mehr, später sporadisch etwas Zeit. Der Effekt ist aber ganz enorm und keiner sollte aus Mangel an Zeit darauf verzichten. Dann lohnt es eher, anderswo Zeit einzusparen, denn Marketing ist wichtig. Was nützt der beste Shop und Topprodukte, wenn sie keiner findet.

Stichwortverzeichnis

<meta> 42
Abmahnung 11, 66
Abonnenten 59
AddThis...................................... 67
   Datenschutzerklärung 67
Admin-Bereich 14
   aufrufen 14
   schützen 14
AGB 16
Aktionen..................................... 48
   Artikel-.................................... 50
   erstellen 48
Alleinstellungsmerkmal.................... 4
Anbieterkennzeichnung 55
Artikel.. 29
   anlegen 28, 29
   -beschreibung 29
   deaktivieren............................ 29
   duplizieren 31
   -gewicht 30
   gruppieren 32
   hervorheben 48
   -kurzbeschreibung 29
   -name 29
   suchen 32
   -Variante 35
   -varianten............................... 35
   Variations-.............................. 34
   wesentliche Merkmale 29
Artikelbeschreibung 29, 30
   variieren................................. 40
Artikelbild 30, 35
   hochladen 31
   Text 49
Artikelgruppe 26
   einrichten 32
   Preis 33
Artikelnamen
   suchen 32
Artikelübersicht 34
Auftragsverwaltung....................9, 52
Backlinks.................................... 45
Bankdaten
   abfragen................................ 24
Beispielartikel
   löschen.................................. 29
Beistand
   juristischen 11
Beschreibungen
   doppelte 40
Bestellbestätigungen

Inhalt 15
Bestellübersichtsseite.................... 27
Bestellwert
   versandkostenfrei 22
Besucherstatistiken...................... 44
Betreiberdaten 15
Bewertungssystem 15
Bild
   hochladen 31
Bild sprachunabhängig 45
Bilddatei
   auswählen 45
   News..................................... 45
Bilder... 7
   Größe festlegen 15
Bildersuche 8
Bindestriche 6
Block-Stilarten 41
Breadcrumb-Navigation 39
Buttons
   Teilen-................................... 67
CMS.................................... 17, 45
   -Beitrag 45
   Eintrag deaktivieren 17
   Menüpunkt............................. 45
CMS-Beitrag
   Navigationspunkt................... 45
CMS-Navigationspunkte
   Struktur 46
   untergeordnete 46
Content-Management-System 17, 45
Crawling-Statistiken................ 43, 44
Cross-Selling............................... 34
Cross-Selling-Artikel 34
CSS-Kenntnisse........................... 17
Daten
   importieren 52
Datenbank.................................. 13
   MySQL 13
Datenbankbenutzername.............. 14
Datenbankkennwort 14
Datenbanknamen 14
DATENSCHUTZ 16
Datenschutzerklärung
   Newsletter 15
Datenschutzregelungen 55
Description-Metatag..................... 27
Designs 17
Dezimalkomma 20
Dezimalpunkt.............................. 30
Dezimaltrennzeichen 49

Stichwortverzeichnis

Domain 6
Domain-Rekord 41
Domains
    Länge 6
Download
    -Modul 53
Download-Artikel 52
ebay 5
Einstellungen
    SEO 38
    sprechende URLs 38
E-Mails
    Hyperlinks 54
    Impressumspflicht 54
    Werbung in 54
E-Mail-Signatur
    einrichten 54
Energieeffizienzklasse 29
EU-Verbraucherrechterichtlinie 21
Extrahieren 13
Facebook 55
    Abonnenten 59
    -Accounts 55
    Anmeldung 55, 58
    Beitragsreichweite 64
    Gruppen 59, 64
    Impressum 59
    Kategorie ändern 62
    Kontotypen 56
    -Modul 64
    Nutzungsbedingungen 55
    persönliches Konto 57
    Profil 59
    -Profile 55
    rechtliches 63
    -Seite 60
    Seite einrichten 60
    Seite erstellen 57
    -Seiten 55
    Unterkategorien 62
    Unternehmenskonten 57
    Unternehmenskonto 56
Facebook-Likebutton 15
Faktura 31, 52
Fakturamodul 10
Faktura-Modul
    installieren 53
Features 15
File Transfer Protokoll 7
Format
    GIF- 15
Formatierungen 17
Freunde
    einladen 58
Freundschaftsanfragen 59
FTP 7, 13
    -Programm 13
    Schreibrechte 42
    WS- 13
Get the Code 67
Gewerbeanmeldung 10
Gewicht 30
GIF-Format 15
Google Places 65
Google+ 64
    Daten korrigieren 65
    Impressum 66
    Inhalte 66
    -Seite 65
    -Seite, lokale 65
Google-Webmastertools 41
haendlerbund 11
Hashtags 66
Highlight
    Artikel- 50
    definieren 49
    Enddatum 48
    VORSCHAU 49
Highlights 48
Hosteurope 7
HTML-Code
    korrigieren 41
    standardkonform 40
Hyperlinks 54
Impressum 10, 16, 55
    erstellen 14
    s-App 56
Impressumsgenerator 11
Impressumspflicht
    soziale Netzwerke 55
impressumspflichtig 57
Indexierungsstatus 43
Indizierung 41
Inhalte
    doppelte 40
Inline-Stilarten 41
Integrierter Newsletter nutzen 15
janolaw 11
Kategorie 26
    ändern 62
    anlegen 26
Kategorie- und Artikelbezeichnung 38
Kategorien
    Reihenfolge 26
Kategorienamen 26, 39
    Abkürzungen 26

Stichwortverzeichnis

Kategoriestruktur 44
Kategorie-Struktur
   zweistufig 40
Kennwort
   Admin-Bereich........................... 14
Keywords 38
Kleingewerbe 10
Kleingewerberegelung 10
Kleinunternehmer.......................... 10
Kleinunternehmerförderungsgesetz.... 10
Konditionen
   Lieferanten 4
KONTO
   HINZUFÜGEN 41
   persönliches............................... 57
Kontotypen
   Facebook 56
Kreditkartendaten
   abfragen.................................... 24
Kreditkartenzahlungen 21
Kundengruppe
   Rabatt zuweisen 51
Kundengruppen............................. 50
   Artikel zuordnen 52
   Ausnahmen............................... 51
   Endkunden................................ 50
   Geschäftskunden 50
   Preise....................................... 52
   Standard- 50
Kundengruppentyp 51
Lagerbestand
   erfassen 31
   setzen 31
   Variantenartikel.......................... 36
Ländergruppen.............................. 19
Lastschriftenzahlung
   konfigurieren............................. 24
Lieferstatus
   bearbeiten 28
Lieferstatusangaben........................ 27
Likebutton 15
Listendarstellung 50
Lizenzbedingungen 7
Markenamen................................. 38
Marketing 54
   Tipps....................................... 54
Menüpunkt 45
Merkmalsauswahl
   aktivieren 35
MERKMALSKOMBINATIONEN 36
META Startseite............................. 37
Mindestabnahmemenge..................... 4
Multifunktionsleiste......................... 54

MySQL 13
Navigationseintrag
   untergeordneter 46
Navigationspunkte
   Beiträge 45
   CMS-Beiträge 45
Nettopreise 30
Netzwerke 55
Newsbeitrag
   erstellen 44
News-Beitrag
   Bild... 44
   speichern.................................. 45
News-Beiträge
   anzeigen................................... 45
Nulllagerbestand 31
Onlinestatus 30
OpenSource 9
   Nachteile 9
Outlook 2010 54
Paypal
   einrichten 21
Paypal Express............................... 21
PDF-Download-Katalog..................... 15
PHP 13
Planung.. 4
Preis
   kalkulieren 5
Preisangabeverordnung 64
Produktbilder 7
Produktfoto.................................. 63
Produktnamen............................... 38
Profile
   persönliche 55
protectedshops.............................. 11
Provider 7
psychologisch................................. 5
Quellcode
   -ansicht.................................... 41
Rabatt... 50
   prozentualer 51
Rabattstaffel 50
   Anwendung............................... 51
Rabattstaffelung 51
Randshop 9
   2.3.. 13
   installieren................................ 13
   Kleinunternehmer 10
   Voraussetzungen 13
Rang... 37
Ranking... 5
Rechtstexte 16
Schleichwerbung 57

Search-Engine-Optimizing 37
Seite
   Sichtbarkeit 61
Seiten-Assistent 61
Seitentitel 5
SEO 6, 37
   Indizierung 41
   Seitentitel 37
   Sitemap 39
   Suchbegriffe 37
   Suchwortdichte 46
   Suchwörter 38
   Umleitungen 38
   Webmaster-Tools 41
Sharing 67
Shitstorm 55
Shop
   -Funktionen 47
   -Inhalte 67
Shop-Logo 15
Shop-Software 4
Sichtbarkeitseinstellung 63
Signatur
   Hyperlinks 54
Sitemap 39, 43
   einreichen 43
   erstellen 42
Sitemaps
   Inhalt 42
Slider
   anzeigen 48
   -Bilder 47
Social-Media-Buttons 67
Sofortüberweisung 21
Sonderangebot 48
soziale Netzwerke 55
Spedition 18
sprechende URLs
   aktivieren 38
Standardkundengruppe 50
Startseite
   anpassen 17
   erstellen 17
Startseitenangebot 30
Startseiten-Slider 47
Steuernummer 10
Stile
   Block- 41
   Inline- 41
Studioeinrichtung 8
Subdomain
   Impressum 66
Suchbegriff 5

Suchbegriffe 37
Suchergebnisse
   Position 6
Suchfunktion 32
Suchmaschinenoptimierung ... 37, 40, 44
   Artikelbeschreibung 30
   Einstellungen 37
Suchmaschinenplatzierung 6
Suchmaschinenranking 5, 45
Suchmaschinen-Spamming 40
Suchwortdichte 40, 46
Suchwörter 38
Support 7
Tabreiter
   Facebook 56
Tätigkeit
   freiberufliche 10
   gewerbliche 10
Template 17
   -Anpassung 68
Texte
   individuelle 40
Textmarker-Hervorhebungen 40
Title-Metatag 26
Tool Gallery 67
trustedshops 11
Twitter 55
Umleitungen 38
   automatisch löschen 39
   SEO 38
Unterkategorien 62
   anlegen 27
URLs
   sprechende 38
Variante
   erstellen 35
Varianten
   -artikel 35
Variantenbezeichnung 34
Verbraucherrechterichtlinie 22
   Lieferstatus 27
Versand
   -möglichkeit 18
   Nachweis 23
Versand und Zahlung 25
Versandart
   anlegen 19
   bearbeiten 19
   löschen 21
   zuordnen 23
versandbereit 27
Versandkosten 44
   automatisch anzeigen 25

Infoseite 24
kalkulieren 18
nach Gewicht 18
Waren
  virtuelle 53
Warenzeichen 38
Webmastertools 41
  Sitemap einreichen 43
  Website bestätigen 42
Website
  bestätigen 42
Weiter empfehlen 15
Wesentliche Merkmale 29
wettbewerbswidrig 38
WIDERRUFSBELEHRUNG 16
Widerrufsbelehrungen 11
Widerrufsformular 16
  anlegen 16
WSFTP 43
XML 42
X-Selling 9
Zahlen

eingeben 20
Zahlung
  auf Rechnung 21
Zahlungs
  -möglichkeit 18
Zahlungsart
  aktivieren 24
  Beschreibung 23
  konfigurieren 21, 22
  Paypal 22
  Zahlungsschnittstelle 24
Zahlungsmöglichkeiten
  definieren 21
Zahlungsschnittstelle 24
Zeichen # 66
ZIP 13
Zugriffsstatistiken 43
Zusatzbox
  anlegen 68
Zwischenablage 48
Zwischenüberschriften 40